优雅的汉语

中文经典100句

荀 子

季旭昇

总策划

文心工作室

编著

上海三联书店

《荀子》背景简介：

　　《荀子》为战国时赵人荀况（约公元前三一三～公元前二三八年）所撰，二十卷，今存三十二篇。《荀子》流传至汉朝，经刘向整理校订荀子及其弟子书论，定为三十二篇。《荀子》的权威注本有唐代的杨倞之注、清代王先谦之注。

　　《荀子》一书记录了先秦的第三位大儒——荀况的儒学思想。荀况又称荀卿或孙卿，游于齐，三次任稷下祭酒，最为老师。荀子所任职的稷下学宫乃当时百家争鸣、学术繁盛之所，招天下名士，百家之学云集于稷下，自由讲学、著书论辩，荀子正是三任稷下学宫的主持者，这也是他所主张的儒家思想之"隆礼义""正名分"等得以产生深远影响的重要原因。荀子博学综洽，韩非、李斯皆出其门下。其思想以天人相分的自然天思想，主张"天生人成"，认为"人之性恶，其善者伪也"（《性恶》），主张"化性起伪"，因此强调礼、法的制约，继承儒家"立于礼"的客观实践精神，透显知性主体，有功于经学的传授。

　　荀子稍晚于孟子，同样是儒门后学，荀孟二人却开出了完全不同的面向，也可以说是儒学的不同面向。对于后世儒学发展，甚至是中国人文世界的丰富，以及儒家在古代社会地位的奠定，其二人居功至伟。荀学在几千年来几经起落，在汉代士人的观念中，荀子的地位颇高而不提孟子，唯有杨雄以孟子自居；到了中唐后期，开始了"孟子升格运动"，韩愈一篇《原道》强调了孟子的儒学地位，认为孟子是醇乎醇，而荀子是大醇而小疵，以至于在宋明理学家那里，也几乎不提荀子只崇孔孟，因为他们认为荀子的"性恶论"并非出自孔子的仁本正宗；及至清代，荀子重回儒者们的视野，戴震主张心知，凌廷堪主张礼，说法其实宗荀子之说；而民国以来，学者常常提到荀子所主张的正名，以及自然义的天之解释，学者认为或可与西方哲学思想相比较，例如新儒家第二代的代表学者唐君毅、牟宗三二位先生在其著述中多有提及。

特别是唐君毅先生，格外重视荀子开显出来的人文意义，荀子说礼制重点是在说明礼乐制度的实效，而唐先生认为所谓实效，正是要树立起整幅的人文世界，令自然世界的天地与自然的人性，都可以因循条理而丰富起来。这或许正是我们今日仍然需要读《荀子》的重要意义——重建丰富的人文世界。

目录

复礼克己，制名指实

谨言慎行，坐言起行

积少成多，见微知著

澹泊寡欲，谦卑自牧

爱民如子，民富国强

青出于蓝　化性起伪

名句的诞生

君子曰：学不可以已。青，取之于蓝[1]，而青于蓝；冰，水为之，而寒于水。木直中绳[2]，輮[3]以为轮，其曲中规[4]，虽有槁暴[5]，不复挺者，輮使之然也。故木受绳则直，金就砺[6]则利，君子博学而日参省乎己，则知明而行无过矣。

——《劝学篇》

完全读懂名句

1. 蓝：植物名，叶子可做蓝色的染料。

2. 中绳：符合绳墨取直的标准。中：符合。绳：木匠用以取直的墨线。

3. 輮：使直的东西弯曲。

4. 规：量圆的工具。

5. 槁暴：晒干而枯。暴：音"pù"，晒。

6. 砺：磨刀石。

语译：有才德的人说过：学习是不可以停止的。青色，是从蓝草提炼出来，但染出来的颜色比蓝草还要深；冰，是从水凝固而成的，但比水更为寒冷。木材的直度，符合绳墨取直的标准，但加工弯曲却可以使它成为车轮，其弯曲的程度符合圆规的标准，虽然经过晒干，也不能恢复挺直，这是加工弯曲使它变成这样的。所以木材经过绳墨就会变直，金属器物经过磨刀石就会变锋利，有才德的人广博地学习知识，并且每日三度省察自己，那么他的智虑就会清明，行为也不会有过错了。

青，取之于蓝，而青于蓝；冰，水为之，而寒于水

名句的故事

荀子举"青，取之于蓝，而青于蓝"与"冰，水为之，而寒于水"两个自然现象来比喻学习的效果，意指任何人不论天资高低，只要后天肯下功夫，坚持不懈，日后必定学有所成。文中又以木材、金属器物为喻，说明木材欲变直或弯曲，金属器物欲变锋利，都必须假借外物（绳、锲、砺）的辅助才能完成。

同样地，在荀子看来，人也并非天生就明白事理，足以使人产生改变的有力外物，就是学习；好比东方的干、越与北方的夷、貊这四个地方的人，他们的孩子刚出生时的哭声是一样的，但长大后的生活习惯却大不相同，这便是教化所造成的结果。也就是说，人虽无法生而知之，但经过后天的学习，人依然可以提升智识才能，改变思想行为，培养出更高的道德标准。

南朝梁代，昭明太子萧统在《文选序》中写道："增冰为积水所成，积水曾微增冰之凛。"厚冰是由积水凝固而成，但积水却没有厚冰来得寒冷。一向爱好文学的萧统，在此借用荀子"冰""水"之喻，表明事物经过日积月累的更新，不只改变了原本的状态，更会发展出超越先前的崭新形式；正如文学的历来发展，亦是从上古质朴简约的文风，逐步演变成后来注重对仗，极力铺陈辞藻的瑰丽美文。

唐人白居易作《赋赋》一文，阐述辞赋的源流与变迁，其言："冰生乎水，初变本于典坟；青出于蓝，复增华于风雅。"冰是由水生成的，文体的转变自"三坟""五典"这些远古的典籍开始，此后青出于蓝，遣词华丽更超越周代《诗经》里的诗文。白居易有感文章日新求变，文人下笔更趋字斟句酌，进而开展出比以往更繁复华美的体式，其说与前人萧统可谓一致。

历久弥新说名句

"青，取之于蓝"其后衍生出成语"青出于蓝"，荀子原是用来比喻学习成效，后多引申为学生的表现胜过老师，或是晚辈的成就超过前辈，义近于"后来居上""后浪催前浪"等词。

唐人韩愈在《师说》曾语："弟子不必不如师，师不必贤于弟子。闻道有先后，术业有专攻。"学生不一定不如老师，老师不一定比学生贤能。理解知识、学问有早晚的差别，学术、技艺各人有其专门的研究。韩愈在文中一方面鼓吹振兴师道，勉励士大夫为学一定要从师，不可固步自封；另一方面，其深信学生经过拜师问学，奋勉精进，成就很有可能赶上老师。

南宋文人陈郁，字仲文，号藏一，著有《藏一话腴》，此书内容除了记载南北宋年间的杂事，也抒发作者对诗词的审美观。其中一段为："太白云：'请君试问东流水，别意与之谁短长？'（《金陵酒肆留别》）江南李后主曰：'问君还有几多愁？恰似一江春水向东流。'（《虞美人》）略加融点，已觉精彩。至寇莱公则谓：'愁情不断如春水。'（《夜度娘》）少游云：'落红万点愁如海。'（《千秋岁》）青出于蓝而胜于蓝矣。"描写离别的愁绪，以上四家作品各有千秋，自然成为众人朗朗上口的名句；不过，陈郁依个人偏好，以为北宋才子秦观的文句，意境高出北宋宰相寇准，寇准又胜过南唐后主李煜，李煜又优于唐人李白，故言"青出于蓝而胜于蓝"，以表后人的成就超越前人。

　　明人程登吉《幼学琼林·师生》中云："冰生于水而寒于水，比学生过于先生；青出于蓝而胜于蓝，谓弟子优于师傅。"这本书的主要阅读对象是启蒙中的儿童，所以作者以浅白的文字，诠释学生与老师之间的关系，期待后进把前辈当作学习的榜样，假以时日，必能超越前辈所学。

名句的诞生

蓬[1]生麻[2]中,不扶而直;白沙在涅[3],与之俱黑。兰槐[4]之根是为芷,其渐[5]之滫[6],君子不近,庶人不服[7]。其质非不美也,所渐者然也。故君子居必择乡,游必就士,所以防邪僻而近中正也。

——《劝学篇》

完全读懂名句

1. 蓬:植物名,风卷而飞,又叫飞蓬。

2. 麻:植物名,茎部的韧皮纤维长而坚韧。

3. 涅:可做黑色染料的矿物。

4. 兰槐:植物名,又名白芷,开白花,气味芳香,其苗称为兰,其根称为芷。

5. 渐:浸润、渍染。

6. 滫:音"xiǔ",酸臭的淘米水;泛指肮脏、发臭的水。

7. 服:佩戴。

语译:飞蓬生长在高挺的麻丛中,不用扶它也会长得笔直;白沙混在黑色的土石里,就会与黑土石一起变黑。兰槐的根叫作芷,把它浸湿在肮脏的臭水里,君子不会去接近它,一般百姓也不会佩戴它。兰槐的本质并没有不好,而是把它浸入臭水的缘故。因此君子居住一定慎选好的乡里,出外一定和有道德学问的人交朋友,就是为了防止受邪恶小人的影响,

蓬生麻中,不扶而直;白沙在涅,与之俱黑

而能去接近正道。

名句的故事

"蓬生麻中，不扶而直"与"白沙在涅，与之俱黑"两句互为反义。前者比喻人在良好的环境成长，行为也会趋向良善；后者比喻好人生活在不善的环境里，行为也会逐渐变坏。

荀子深信外在环境对人的习性养成，具有极大的影响力，文中又援引一反一正两个事例，提醒人们不可轻忽环境的选择。其一为，南方有一种名叫蒙鸠的鸟，它把鸟巢系在芦苇的花穗上，风一吹来，巢内的小鸟便跌落而死；荀子以为，这并非鸟巢做得不够完好，而是被系在不合适的地方所造成的结果。其二为，西方有一种名叫射干的小树，茎长只有四寸，却能生长在高山上，面临百丈深渊；荀子有感而发地道出，这并非小树本身高大的缘故，而是小树生长的地方，奠定了它与其他小树不一样的高度。

商汤之孙太甲继位为国君之后，成日耽于逸乐，不理国政。据《书经·太甲》记载，宰相伊尹不忍太甲把祖父一手创下的基业败尽，于是对群臣说道："兹乃不义，习与性成。"意指太甲做的尽是不义之事，长期下来形成习惯，就会培养出不义的性格。伊尹遂将太甲放逐到桐宫（位于商汤的墓地），命令士兵负责看守，并找来贤俊之士予以教导；太甲从此与以往奢靡无度的生活隔离，身边相伴的尽是才德兼备的人。三年的时间过去，太甲终于知道悔过，矢志效法祖父勤修德政，伊尹才迎接其复位，国家百姓也因而得到安宁。

历久弥新说名句

历来强调环境的重要，除了荀子"蓬生麻中，不扶而直""白沙在涅，与之俱黑"之外，还有大家从小耳熟能详的"孟母择邻""近朱者赤，近墨者黑""离了靛缸，染不着颜色"等句，句句都道出人的价值观念、行为方式，不难受到周遭环境的影响而有所改变。

《孔子家语·六本》描述孔子对其门生曾子说："我死了之后，子夏的道德修养将日益进步，子贡则会退步。"曾子不解地问道："这是为什么呢？"孔子说："子夏喜欢与比自己贤能的人相处，子贡却喜欢与不如自己贤能的人相处。与贤能的人在一起，如同进入栽种芝兰香草的房间，久了也不觉得芳香，早被芝兰的香气同化了；与不贤能的人在一起，如同进入卖咸鱼的市场，久了也不觉得恶臭，早被咸鱼的臭味同化了。所以有才德的君子，一定会谨慎选择他所居住的地方。"其中孔子说的"如入芝兰之室，久而不闻其香"及"如入鲍鱼之肆，久而不闻其臭"，正可说明环境对人的思想品行，深具潜移默化之效。

孔子虽言环境的重要，但他也不否认处在恶劣的环境下，人的品格依然可以高尚，不为逆境左右。《论语·阳货》提到晋国赵简子的叛臣佛肸（xī）欲见孔子，孔子准备前往。子路很不以为然地问孔子："记得老师以前说过'亲身做坏事的人，君子不会进入其住所'，现在佛肸背叛自己的主子，老师为什么还要去呢？"孔子告诉子路："是的，我是说过那样的话。不过，不是也有坚硬的东西，怎么磨也不会变薄吗？不是也有洁白的东西，怎么染也不会变黑吗？难道我是一个葫芦吗？

怎能只是悬挂着而不让人食用呢？"孔子四处宣扬仁道，即使面对的是一个叛臣，他也不改其志，不愿像个被系在半空中没用的葫芦一样，期待能为社会贡献一己之力。原文"不曰坚乎，磨而不磷""不曰白乎，涅而不缁"便是比喻本质好的人，不会受恶劣环境所影响。

对照《孔子家语》与《论语》中所载录孔子的两种说法，前后看来似乎有些矛盾，但仔细想想，两说其实并没有冲突。毕竟世上绝大多数的人，对于是非善恶的判断力不够，意志也比较薄弱，自然容易被环境所牵引；然而，对于笃行正道的人而言，无论身处任何环境，也都难以动摇其心志。

名句的诞生

蟥[1]无爪牙之利，筋骨之强，上食埃土，下饮黄泉，用心一也；蟹六跪而二螯[2]，非蛇蟮[3]之穴，无可寄托者，用心躁也。是故无冥冥[4]之志者，无昭昭[5]之明；无惛惛[6]之事者，无赫赫[7]之功。

——《劝学篇》

完全读懂名句

1. 蟥：音"yǐn"，蚯蚓。

2. 蟹六跪而二螯：蟹有八足二螯，原文"六"为讹误，应作"八"字。跪：指蟹脚。螯：音"áo"，节足动物的第一对脚，像钳子一样能开能合。

3. 蛇蟮：音"shéshàn"，蛇与鳝。

4. 冥冥：幽暗；此作专默精诚。

5. 昭昭：明白显著。

6. 惛惛：晦暗；此作专默精诚。

7. 赫赫：显盛。

语译：蚯蚓虽然没有锐利的爪牙、强劲的筋骨，但它可以向上吃尘土，向下饮泉水，这是它用心专一的缘故；螃蟹有八只脚两只螯，但它没有蛇鳝的洞穴，就无处安身，这是它用心浮躁的缘故。所以没有专默精诚的志向，就没有显明的观察；没有专默精诚的行事，就没有显赫的功勋。

无冥冥之志者，无昭昭之明；无惛惛之事者，无赫赫之功

名句的故事

　　荀子所言"冥冥""惛惛"皆在强调学习用心专一，意志坚定，才能有所成就。《论语·述而》记录叶公（叶县县尹沈诸梁，字子高，楚国贵族）向子路问孔子的为人，子路不知如何回答，回来把这件事告诉孔子。孔子对子路说："你怎么不回答对方：'其为人也，发愤忘食，乐以忘忧，不知老之将至。'如此而已。"可见孔子发愤起来就忘记吃饭，高兴起来即忘记忧愁，连自己快要老了都不知道，其专心致志的精神，堪称后代学子的典范，也造就其成为儒学宗师。

　　《战国策·秦策》描述策士苏秦向秦惠王上奏十次，秦惠王都不愿采纳。由于原先带在身上的旅费已经用尽，苏秦只能衣衫褴褛地离开秦国，返回洛阳家中，家人见他如此狼狈，连正眼都不瞧他。面对家人的轻视，苏秦归咎于自己过去的努力不够，无法光耀门楣，于是夜以继日伏案苦读，立志得到各国诸侯的重用；每当他读到疲累想睡的时候，便拿起锥子刺大腿，鲜血直流脚上，提醒自己不可怠惰。一年之后，苏秦自认学有所成，陆续转往燕、赵、韩、魏、齐、楚游说六国结盟，共同抵制强大的秦国。这一回，他的意见终获六国所用，促使六国订定合纵联盟，从此身佩六国相印，地位显赫，与以往困顿之时不可同日而语。

历久弥新说名句

　　《孟子·尽心下》云："贤者以其昭昭，使人昭昭；今以其昏昏，使人昭昭。"意思是说，贤人以其对事理的明晓通达，想要指导他人明白；现在有人却是以其对事理的愚昧无知，想要指导他人明白。孟子笔下的贤者，正可说是具备"昭昭之明"的能人志士，而其所指的好为人师者，明明什么事情也不懂，却又喜欢教导别人，可以说是"自以为是"的浅陋之人。

西汉时期，被景帝任命为博士的名儒董仲舒，专门研究《春秋》一书，他把全部心力都放在治学一事上，长达三年的时间，不曾照看自家园子里的菜。东汉学者王充便在《论衡·儒增》里写道："董仲舒读春秋，专精一思，志不在他，三年不窥园菜。"这也是成语"目不窥园"的典故由来，用来形容学习专注，不为外物所影响。

隋代文人王通在《文中子·魏相》有言："不广求，故得；不杂学，故明。"不要贪求学得多，必然能得到收获；不要杂乱无章地学习，必然能明白其中的道理。另外，北宋科学家沈括，其在《长兴集》云："人之于学，不专则不能，虽百工其业至微，犹不可相兼而善，况君子之道也。"人在学习的过程中，无法专一就不能获得成效，即便像各行各业的技艺这样微小的事，也是很难熟稔地互相兼做几项，更何况是致力为君子的重要大事呢？由此可知，从事任何领域的工作都必须培养专注力，若内心浮躁不定，思虑闲散，难免学无所成。

目不能两视而明，耳不能两听而聪

名句的诞生

行衢道[1]者不至，事两君者不容。目不能两视而明，耳不能两听而聪。螣蛇无足而飞，梧鼠五技而穷[2]。《诗》曰："尸鸠[3]在桑，其子七兮。淑人君子，其仪一兮。其仪一兮，心如结[4]兮。"故君子结于一也。

——《劝学篇》

完全读懂名句

1. 衢道：歧路。

2. 五技而穷：指梧鼠拥有五种技能，都无一专精。一是能飞不能上屋，二是能攀爬不能上树顶，三是能游泳不能过深谷，四是能打洞不能掩护身体，五是能跑却不够快。

3. 尸鸠：布谷鸟。

4. 结：如绳结一样坚固不散。

语译：在歧路上徘徊的人，永远不会到达目的地；同时事奉两个君主的人，是绝不为君主所接受的。眼睛不能同时看两种东西而清晰，耳朵不能同时听两种声音而敏锐。螣蛇没有脚而能飞，梧鼠有五种技能而都不精。《诗经·曹风·尸鸠》中说："布谷鸟筑巢在桑树上，专心如一地抚育七只小鸟。善良的君子，行动要专一啊！行动专一，心才会像绳结一样坚固不移。"所以君子要专心一意。

名句的故事

荀子以"目不能两视而明，耳不能两听而聪"之说，提醒人们心思不要同时放在两件事情上，否则两件事情都做不好，终究是得不偿失。《东周列国志·第六十二回》描述了春秋晋国乐师师旷，练就一身精湛琴艺的历程。从小喜好音乐的师旷，立志在音乐上有不凡作为，但碍于不专心的毛病，技艺总是难以突破，不时感叹地说："技之不精，由于多心；心之不一，由于多视。"于是用艾叶熏瞎双眼，逼使自己不再为外界所干扰，一心致力于音乐更高境界的追求，终成为精通音律的大师，深获晋平公的敬重。为了阻断五光十色的迷惑，师旷选择自瞎双目的残忍手段，固然不值得后人效法；不过，相信他对于人在学习当下，很容易受困于"多心""多视"而有所局限，必然有其深刻的体会。

荀子的高徒韩非，其在《韩非子·功名》里论述君臣之间的关系，他认为君主的地位崇高，并能驾驭忠诚的臣子，就是国家长治久安之道，如同名与实相待而成，形与影相应而立，君主与臣子的目标其实是一致的，只是彼此的任务不同。文中直指君臣各自的忧患为："人主之患，在莫之应。故曰：'一手独拍，虽疾无声。'人臣之忧，在不得一。故曰：'右手画圆，左手画方，不能两成。'"君主的忧患，出在没有臣子的响应，好像只用一只手用力拍打，也不会发出声音；人臣的忧患，出在难以专心执守一事，好像右手画圆，左手画方，两个都不能成功。其举"右手画圆，左手画方，不能两成"之事例，比喻做事必须专心一致，别无旁骛。

历久弥新说名句

　　《列子·说符》记载战国时期提倡"利己"思想的杨朱，他的邻居走失了一只羊，便发动所有亲朋好友出去寻找。杨朱问邻居说："只是走失一只羊，何必要找这么多人帮忙呢？"邻居回答："因为岔路太多了，所以需要大家分头去找啊！"过没多久，找羊的人全部空手而归，羊只早已不知去向。杨朱又问邻居："你们有这么多人，怎么还会找不到呢？"邻居说："不只是岔路太多了，每条岔路又分出许多条岔路来，不知道羊只到底跑到哪一条岔路，因此没办法找到，大家只好回来了。"杨朱听了感触很深，他借此事教育其学生说："我们做学问的道理不也和在歧路上找羊只一样吗？如果没有一个明确的方向，即便耗费了许多时间和精神，到头来还是一无所获。"这也是成语"歧路亡羊"的典故由来，除了可以比喻事理多变，人们误入歧途，终无所成之外，也可用来比喻不肯专心学习的人，整日东翻翻西看看的，什么事情都想学，最后当然是什么也学不好。

　　《红楼梦》第九回描写小说的主人公贾宝玉一早准备入家塾读书，其贴身丫鬟袭人侍候其梳洗时说道："读书是极好的事，不然就潦倒一辈子，终久怎么样呢！但只一件：只是念书的时节想着书，不念的时节想着家些。别和他们一处顽闹，碰见老爷不是顽的。虽说是奋志要强，那工课宁可少些，一则贪多嚼不烂，二则身子也要保重。这就是我的意思，你可要体谅。"袭人的身份虽是贾宝玉的侍女，但她也是贾府公认将来配与宝玉做妾的人选，自然对贾宝玉的前途甚为关心；她深知家塾内尽是纨绔子弟，唯恐贾宝玉沾染坏习性，又担心贾宝玉奋发读起书来，忽略了身体健康，不免在贾宝玉出门前耳提面命一番。其中袭人叮嘱贾宝玉这句"贪多嚼不烂"，原为贪婪多吃而不能消化之意，在此引申贪求书念得多，却无法灵活运用。

水深而回，树落则粪本，弟子通利则思师

名句的诞生

师术有四，而博习[1]不与焉。尊严而惮[2]，可以为师；耆艾[3]而信，可以为师；诵说[4]而不陵不犯[5]，可以为师；知微[6]而论[7]，可以为师；故师术有四，而博习不与焉。水深而回[8]，树落则粪本[9]，弟子通利则思师。《诗》[10]曰："无言不雠[11]，无德不报。"此之谓也。

——《致士篇》

完全读懂名句

1. 博习：或作"传习"。

2. 惮：怕。

3. 耆艾：老人的通称，六十岁为耆，五十岁为艾。耆，音"qí"。

4. 诵说：诵读解说。

5. 不陵不犯：不侵犯。

6. 知微：晓察隐微。

7. 论：道理，通"伦"。

8. 回：旋转。指水深处多旋流。

9. 粪本：滋养树根。粪：做动词使用，意谓施肥于田。本：指树木的根。

10. 诗：语出《诗经·大雅·抑》。

11. 雠：应答、对答。

语译：为师之道有四，而传授学习还不是其中之一。能够有尊严而被敬畏的，可以为人师

表；年长而值得信赖的，可以为人师表；诵读解说而不被侵犯的，可以为人师表；晓察隐微而有伦理的，可以为人师表。所以为师之道有四，而传授学习不在其中。水深处则多旋流，树木叶落后则能滋养树根，学生精晓畅达后则能思念老师。《诗经》云："没有好的言语而得不到应答，没有施恩于人而得不到回报。"说的就是这个道理。

名句的故事

土地需要滋养，才能够生长作物。远在战国时期，人们就已普遍运用人或动物的粪便作为肥料来滋养土壤，从事耕种，如《孟子·滕文公上》"凶年，粪其田而不足"，《韩非子·解老》"积力于田畴，必且粪灌"等等。而当树叶落下腐烂后，同样可以成为肥料滋养土地，故《礼记·月令》提到"是月也，土润溽暑，大雨时行。烧薙（tì，锄草）行水，利以杀草，如以热汤。可以粪田畴，可以美土疆"。所以荀子也说"树落则粪本"，而清人龚自珍则有"落红不是无情物，化作春泥更护花"（《己亥杂诗》第五首）的多情诗句，原来落花不是因为无情而离开枝头，反而是在生命结束后仍继续护持滋养化育它的根源啊！

东汉郭泰，字林宗，聪明博学，喜欢提携后进，鼓励向学，因而名震京师。当少年的魏昭遇见郭林宗时，深被其学养折服，对他说："教授典籍的经师容易遇到，而能够以身作则教化学生的人师却是千载难逢，我愿意在您的身旁学习，并且服侍您。"有一次老师郭林宗生病，命魏昭煮粥，魏昭将煮好的粥端给老师吃。老师却大声呵斥魏昭说："为长辈煮粥，却不恭敬奉上，这样会使得长辈吃不下啊！"说完便将碗丢在地上。魏昭于是重新煮粥，并恭敬地奉上，但老师仍是呵斥他。就这样重复了三遍，而魏昭恭敬的神色却丝毫没改变。于是老师就对魏昭说："我最初只看到你的表面，但从今以后，我已经了解你的心了。"从此，老师郭宗林便倾力教导魏昭。(《资治通鉴》卷五十五《汉纪四十七》)

其实，郭林宗是故意找机会挫折魏昭，目的是要锻炼他的心志，希望他能够成大器，而魏昭果然也不负所望，不但让老师刮目相待，更以不凡成就回报老师，成为东汉一代大儒。

历久弥新说名句

有个山东人，拿着长长的竹竿想要进城。起初，那人将竹竿竖拿着走，却因竹竿太长而无法走进城门；后来那人将竹竿横拿着走，但竹竿仍是太长而无法走入城门。正当那人绞尽脑汁也想不出好办法时，有个老先生走过来对他说："我虽然不是圣人，但也经历过许多事。我想，你何不将竹竿从中锯断？这样竹竿就不会太长而可以走进城门了。"于是那人依照老先生的话，将竹竿锯断后走进城门。(邯郸淳《笑林》)

拿着长竹竿却想不出办法走进城门的人固然可笑，不过，那位自以为谦逊不是圣人的老先生，竟然提出将竹竿锯断的糊涂办法却自鸣得意，更是令人不敢领教。而世上像这类自作聪明、好为人师，但其实愚不可及的人，比比皆是。因此，荀子特别强调：光是传道授业还不够，一定要有尊严而被敬畏，或年长而值得信赖，或教学而不被侵犯，或晓察隐微而有伦理的人，才能够为人师表。可见师道难得，而尊师重道也极其重要。

程颢、程颐兄弟是宋代著名的理学家，他们讲授孔孟之学，广受大家的推崇，许多人都拜他们为师。其中有位杨时，尽管考中进士，也做了高官，但仍立志求学，刻苦钻研经史，当他到洛阳拜程颐为师时，已经四十岁了。有一天，杨时到程颐的住处，准备向老师请教学问。当时老师正闭目冥坐，杨时与游酢两人不想惊醒老师，于是恭敬地侍立一旁。等到程颐醒来，门外已积雪盈尺。(《宋史·杨时传》)

杨时尊敬老师，诚恳求学的态度，成为后世尊师重道的典范。《吕氏春秋》卷第四《劝学》一文中指出："尊师则不论其贵贱贫富矣。若以此则名号显矣，德行彰矣。故师之教也，不争轻重尊卑贫富，而争于道。"只要学生懂得尊师重道，那么老师的名号、德行就会彰显，所以老师教导学生，不应计较学生是否尊卑贫富，而是要注重学生能否接受领会道义，才能取得他人的尊敬。

坎井之蛙，不可与语东海之乐

名句的诞生

日祭、月祀、时享、岁贡、终王，夫是之谓视形势[1]而制械用[2]；称远近而等[3]贡献，是王者之制也。彼楚越者，且时享岁贡，终王之属也，必齐[4]之日祭月祀之属，然后曰受制邪？是规磨之说[5]也。沟中之瘠[6]也，则未足与及王者之制也。语曰："浅不足与测深，愚不足与谋知，坎井之蛙[7]，不可与语东海之乐。"此之谓也。

——《正论篇》

完全读懂名句

1. 形势：地理形势。

2. 械用：器物。

3. 等：等差。

4. 齐：齐等。

5. 规磨之说：有差错的说法。规磨：画正圆的器具磨久则产生偏差而不圆。

6. 沟中之瘠：原指穷困而饿死于沟壑中的人；此比喻知识缺乏的人。

7. 坎井之蛙：比喻见识浅薄的人。坎井：浅井。

语译：提供天子每日、每月、四季的祭祀物品，还是每年进贡一次，这就叫作看地理形势来制定提供的器物；依距离远近来等差进贡的物品，这就是天子的制度。像楚国、越国是提供四季祭祀、每年进贡，以及终生朝拜天子的国家，难道要他们也像提供每日、每月祭祀物品的国家一样，才算是服从制度吗？这是错误的说法。知识贫乏的人，不足以与他谈论天子的制度。俗话说"浅的不足以和他测量深的，愚昧的人不足以跟他谋求智能，浅井里的青蛙，不可能与它讲述东海的乐趣"，说的就是这个道理。

名句的故事

　　在荀子活动的年代，经常听到世俗的人说："商汤、周武王不能使天下人服从他们制定的法令，因为楚国、越国不受他们法令的管制。"荀子针对这种说法提出辩驳。荀子认为商汤、周武王是天下最善于使人服从他们法令的人，以其居住在方圆只有百里的都城，却能够统一天下，使诸侯称臣，连偏远地区也畏惧他们而愿意归顺，包括不在中原地区的楚国、越国也是一样的。

　　不幸的是，世俗的人竟以提供祭祀与进贡物品的数量，来衡量天子的制度是否受到服从，却忽略了贡献物品的多寡，亦是按照地理形势、距离远近而有等差之别。好比离天子较近的国家，提供每日、每月祭祀的物品，距离较远的国家，提供每年四次或一次的物品便可，世俗的人连如此浅显的道理都不懂，还敢批评天子的制度，所以荀子借"坎井之蛙"不能体会"东海之乐"为喻，驳斥流传于世俗的浅薄言论。

　　此一名句亦见于《庄子·秋水》：一向以为全天下所有的美好都在自己身上的黄河之神河伯，在秋天顺流到了北海，望着广阔无际的海洋，才发现自己过去的想法很可笑，不禁向北海之神若感叹自己的渺小。北海若对河伯说："井蛙不可以语于海者，拘于虚也；夏虫不可以语冰者，笃于时也；曲士不可以语于道者，束于教也。今尔出于崖涘，观于大海，乃知尔丑，尔将可与语大理矣。"这段话的意思是，井底的青蛙不可与它谈论大海，因其受于空间的拘束；夏天的虫不可与它谈论寒冰，因其受于时间的限制；见识鄙陋的人，不可跟他谈论道理，因其受于教化的束缚。现在你离开了河看见大海，知道自己的丑陋，我将可以与你谈论大道的条理啊！北海若口中的"井蛙"和"夏虫"，都是在比喻见识短浅的"曲士"，故不足以与其谈论大道理；这里又衍生"井蛙语海"这句成语，用来比喻不自量力。

历久弥新说名句

西汉文人东方朔，为人风趣幽默，经常在汉武帝面前说笑话，被任命为侍郎，有时也会对时政提出建言，但武帝一直没有在政事上重用他。某次朝中聚会，有人便责问东方朔说："你读了那么多书，口才又好，可以说是博闻辩智了，却只做到侍郎这样的小官，一定有什么不检点的行为吧？"东方朔写了一篇《答客难》，答复这些人对他的不解与责难。文中陈述历史上有机会一展长才的人，如苏秦、张仪、乐毅、李斯等人都是生逢其时；然而自己处于太平盛世，天子的圣德流布，贤能之士自然没有施展才能的机会，所以面对不同的时代，事情也不可等同看待之。文末东方朔援引俗语"以管窥天，以蠡测海，以莛撞钟"反讥那些诘难他的人，就像是举起竹管观察天空，用葫芦瓢测量海水，拿小竹枝撞击大钟一样，不但对自己的愚蠢毫不自知，还一本正经地述说知人论世的道理。

《汉书·西南夷传》记载西汉时期，西南边境上有两个小国，一个叫滇（今云南滇池附近），一个叫夜郎（今贵州桐梓之东），由于地处偏远，信息不流通，使得这两个国家的国王，一直以为自己统治的土地很大。当汉武帝派使者到滇国，国王问汉使说："汉孰与我大？"表面是在问汉朝和我的国家哪一个疆域大，实际上是自认汉朝无法与自己的国家相比。使者到了夜郎，国王也问汉使说："汉孰与我大？"有趣的是，明明两个国王都问了同样的话，却只有"夜郎"这个小国成了妄自尊大的代名词，此后人们便以"夜郎自大"比喻本身没什么能力，又总是自以为很了不起的人。

声乐之入人也深，其化人也速

名句的诞生

夫声乐之入[1]人也深，其化人也速，故先王谨为之文；乐中平则民和而不流[2]，乐肃庄则民齐而不乱。

——《乐论篇》

完全读懂名句

1. 入：感动。

2. 和而不流：和乐而不淫乱。

语译：声乐感动人非常深刻，感化人非常快速，所以先王谨慎地为之制定内容。乐声中正平和，人民就会和乐而不淫逸；乐声严肃庄重，人民就会有纪律而不作乱。

名句的故事

有一回，卫灵公要到晋国去，经过濮水时，不知从何处传来一阵悦耳的乐音。卫灵公召来乐师师涓，命他写下乐谱。

到了晋国，卫灵公对晋平公提起这件事。晋平公请求听这首乐歌，于是师涓开始演奏。演奏到一半，就被晋国的乐师师旷所阻止。师旷说："这是纣王的乐师师延所作的靡靡之音，是所谓的亡国之音啊！"听了师旷的话，晋平公不予理会，坚持听完整首乐曲。

听完师涓的演奏，晋平公问师旷说："这是什么乐曲？世上应该没有比它更加动人的乐曲了吧？"师旷说："这是《清商》，《清征》比它更加感人，但是只有德行高的君主才能听。"晋平公便要求师旷演奏《清征》。乐音一起，有一群白鹤从远方飞来，和着乐音开始跳舞。对此，晋平公大感诧异，问说："这应该就是最感人的乐曲了吧？"师旷说："不！《清角》更加感人。"晋平公说："既然如此，就演奏来听听吧！"师旷摇了摇头，说："不可以，听了这种音乐，会给国家带来灾祸。"

虽然师旷说演奏这支曲子会带来灾祸，但是晋平公坚持要听，师旷迫于无奈，只好开始演奏。演奏才进行到一半，突然一阵飞沙走石，连宫殿的屋瓦都被风给掀翻了。晋平公吓得趴在廊柱下，大喊："不要再演奏下去了！"

这件事被记录在《史记》中，笔法虽然夸张，但生动地描述了音乐的感人力量。其实，音乐哪里会引起狂风呢？但晋平公不顾师旷的建言，宁可冒着国家发生灾祸的危险，也要满足个人听音乐的欲望，这才是真正的灾祸。荀子说："声乐之入人也深，其化人也速，故先王谨为之文。"先王对于制定音乐一事，格外谨慎，怕的就是后世会有纣王或晋平公这类只顾个人享受的君主啊！

历久弥新说名句

传说中，有一首乐曲听了会使人自杀！那是法国作曲家鲁兰斯·查尔斯所创作的《黑色星期天》管弦乐曲。

第一场悲剧发生于比利时的某间酒吧。有个匈牙利青年听完乐曲，就大喊一声："我实在受不了啦！"接着掏出手枪朝自己的太阳穴开了一枪。

一名女警在接办这个案件后不久，也自杀了，还留下遗书，说："凶手就是《黑色星期天》这首乐曲。"

在美国华盛顿，有位钢琴演奏家应邀为来宾演奏。席间一位来宾突然接到她母亲车祸身亡的长途电话，他便请钢琴家演奏《黑色星期天》以表示哀悼。演奏完毕，钢琴演奏家便因过度悲伤，心脏病发作而死。

在意大利米兰，一个音乐家并不相信这些故事，便在自己客厅用钢琴弹奏一曲，竟然也死在钢琴旁，并在《黑色星期天》的乐谱上写下遗言："这乐曲的旋律太残酷了，这不是人类所能忍受的曲子，毁掉它吧，不然会有更多的人因受刺激而丧命。"

这首乐曲在当时被人们称为"魔鬼的邀请书"，据说至少有一百个人因为听了它而自杀，它也因此被禁了长达十三年之久。

音乐其实不会使人自杀，但会使原本有这个念头的人付诸行动。《黑色星期天》的曲调悲凉，歌词则呈现了对死去爱人的思念，并感叹着死亡。因此，它成了使人自杀的死亡乐章。

曾经有一首歌曲，歌名叫《只要我喜欢，有什么不可以》，这首歌没有造成自杀的风潮，却助长了当时年轻人极端自私的心理。谁说歌曲不会改变人心呢？所以荀子才会在强调音乐的感人力量之余，又补上一句"谨为之文"，怕的就是这些情形。

名句的诞生

君子以钟鼓道[1]志，以琴瑟乐心。动以干戚，饰以羽旄，从[2]以磬管，故其清明象天，其广大象地，其俯仰周旋有似于四时。故乐行而志清，礼修而行成，耳目聪明，血气和平，移风易俗，天下皆宁，美善相乐。

——《乐论篇》

完全读懂名句

1.道：引导，通"导"。

2.从：伴随。

语译：君子以钟鼓声来引导意志，用琴瑟声来愉悦心情。以干戚等武器来活动筋骨，以羽旄等饰品来装饰外表，伴随着磬管声，所以乐音清明象征上天，广大象征大地，俯仰周旋等动作就像四时的变迁。所以乐教施行，意志就会清明，礼教修明，德行就有成就，使耳聪目明，使血气平和，改变风俗，天下都能得到安宁，百姓都能美善而安乐。

名句的故事

音乐的起源为何？历史上第一首乐歌又是何种样貌？有人说，第一首乐歌是"邪许"。"邪许"不是个有意义的词语，只是人们在劳动用力时，口里发出的无意义音节，借以调整动作、减轻疲劳并提高工作效率。据说齐国宰相管仲在辅佐公子纠争位失败后，逃到鲁国。齐桓公小白要鲁君把曾经差点一箭射死小白的重犯管仲送回齐国，表面上是齐桓公要亲自报仇，其实是齐桓公听了鲍叔牙的推荐，要重用管仲。管仲知道齐桓公的心意，他嫌推囚车的人走太慢，于是教他们唱歌。这些狱卒一面唱一面走，竟然忘了疲劳，很快地就把管仲送到了齐国。

上古的人民，为了取水与耕作的方便，大多住在水边。然而，由于水边的湿气较重，于是人们普遍患有关节方面的疾病。到了阴康氏的时候，人们模仿飞禽走兽的动作，将之编成各种舞蹈动作，以活动筋骨，增进健康。有人以为这是舞蹈的起源。舞蹈与音乐有着密不可分的关系，所以增进身体健康也是音乐的功效之一。

《诗经·大序》说："情动于中而形于言，言之不足，故嗟叹之；嗟叹之不足，故永歌之；永歌之不足，不知手之舞之足之蹈之也。"心中有所感动就会发为言语，言语不足以表达心中感受，就会拉长声音来咏叹、歌唱。咏叹、歌唱不足以表达心中感受，就会不知不觉地手舞足蹈起来。从这里来看，抒发心中感受不但是音乐的起源，也是音乐的功效。

音乐的功效如此之多，又与礼的仪式密切相关，所以荀子在《乐论》中将两者相提并论，他说："乐行而志清，礼修而行成，耳目聪明，血气和平，移风易俗，天下皆宁，美善相乐。"

历久弥新说名句

《诗经·大序》中曾论及音乐的功能："上以风化下，下以风刺上，主文而谲谏。言之者无罪，闻之者足以戒，故曰风。"意思是说，在上位者可以用音乐来教化百姓，在下位者可以用音乐来讽谏统治者。此外，由于音乐的表达方式较为委婉，所以劝谏的人不会因此得罪上位者，而上位者却能从中明白劝诫的内容，《诗经》中称之为"风"。诚如《论语》所说的"风行而草偃"，风过草上，草会自然倾倒。音乐的教化功能就像风一样柔和而自然。

有一次，孔子来到学生子游治理的武城，听到城中随处都充满着音乐声，很开心地说："割鸡焉用牛刀？"意指音乐是治理天下的重要法宝，治理武城这种小地方也需要用到音乐吗？听了老师的话，子游觉得与平时所学不同，立刻引孔子说过的话来响应："我听老师说过：'在上位者学了音乐，就会爱护百姓；在下位者学了音乐，就会服从政令。'"孔子原本只是跟子游开开玩笑，因为子游的表现太好了，他才会用"牛刀"来比喻"大材小用"。但子游的话是正确的，于是孔子立刻承认："同学们！子游的话是对的，我先前只是开开玩笑而已。"

孔子原是个温和而严肃的人，见到子游以音乐教化百姓，竟也开心得跟子游开起了玩笑，由此可见他对乐教的重视。不只是音乐，所有的艺术活动都有教化的功能，所以国家要强大，可以只靠经济及武力；但是国家要安定而和平，绝对少不了艺术文化。就个人而言，艺术可以培养健全的身心，有些人称之为"精神食粮"，这是很有道理的。

类不可两也，故知者择一而壹焉

心枝[1]则无知，倾则不精[2]，贰则疑惑。以赞稽[3]之，万物可兼知也。身尽其故则美，类不可两也，故知者择一而壹焉。

——《解蔽篇》

完全读懂名句

1. 心枝：思虑分散。

2. 倾则不精：心有所偏就无法专精。

3. 赞稽：考察。

语译：思虑分散就不能得到知识，心有所偏就无法专精，有二心就会疑惑不定。以专一的道来考察事物，就可以普遍认识万事万物。亲自透彻了解事理是好的，但事情不能同时做两种，所以有智慧者会择其一，专心去做。

名句的故事

荀子强调专一才能专精，不过世上却仍有着专精多项才艺的人，孔子就是。

孔子自述："吾少也贱，故多能鄙事。"又说："吾不试，故艺。"都谦虚地表示出他自己会的才艺其实不少。不过孔子每学一项才艺，都会全心投入。举例而言，他曾向师襄子学琴，才学没多久，师襄子就觉得孔子学得很好，可以学下一首曲子。但孔子说："我虽然已经学会了曲调，但对节奏的掌握还不够好。"过了几天，师襄子又说："你的节奏已经掌握得很好了，可以学下一首曲子了。"孔子还是说："不！我还没学到这首曲子的精神。"再过几天，师襄子说："你已经掌握这首曲子的精神了，可以学下一首曲子了吗？"孔子说："还不行，我还不了解作曲者的特质。"终于，孔子在弹奏这首曲子时有了领悟："这首曲子表现出救助天下的伟大志向，除了周文王以外，又有谁能达到这个境界呢？"师襄子一听，立刻从座位上跳起来说："这首曲子正是《文王操》。"

孔子连学一首曲子都如此用心，一定要掌握到它的根本精神才肯学下一首曲子，学习其他才艺更不用说了。由此可知，孔子在学习的当下，是绝对专一，非五技而穷的梧鼠可比，所以他能专精各项技艺。

历久弥新说名句

帕瓦罗蒂是二十世纪最受欢迎和最具代表性的男高音，大家赞美他有着"被上帝亲吻过的嗓子"。有人认为他的成就来自父亲的遗传，因为他的父亲也有一副好歌喉。有人则认为他的成功来自父亲的教育，因为他父亲是一个典型的歌剧迷，一有机会就参加地方上的合唱团，参与歌剧演出，甚至还凑钱收集许多当代伟大歌唱家的唱片，并推荐他到"罗西尼"合唱团，让他随合唱团在各地举行音乐会。有人则归功于第一位发现帕瓦罗蒂拥有自然、完美音准，也是为他进行声乐基础训练的意大利声乐教师波拉。也有人认为他的合作伙伴功不可没。

有优良的遗传、良好的教育及杰出的合作伙伴，帕瓦罗蒂的成功看似理所当然，但是他也曾彻底失败过。他大学毕业后，便在摩德拿一所小学做了两年的代课老师。对于这段教学生活，他觉得像是一场噩梦，他承认："我无法在学生面前显示出自己必要的权威。"

　　后来父亲告诉他："如果你想同时坐在两张椅子上，一定会从椅子中间掉下去，生命只允许你选择一张椅子。"听了父亲的话，帕瓦罗蒂下定决心，选择了"声乐家"这张椅子。他拜师学习，参加比赛，举办演唱会。终于，无数听众的掌声把他推向旁人难以企及的高峰。

名句的诞生

精于物者以物物[1]，精于道者兼物物[2]。故君子壹于道，而以赞稽[3]物。壹于道则正，以赞稽物则察[4]；以正志行察论，则万物官矣。

——《解蔽篇》

完全读懂名句

1. 物物：第一个"物"是动词，第二个"物"是名词。意指通晓一事一物。

2. 兼物物：兼通万事万物的道理。

3. 赞稽：考核。

4. 察：明察。

语译：精于一技的人，可以处理好一种事物；精于大道的人，可以兼通各种事物的道理。所以君子谨守大道，以考核万事万物。谨守大道就能端正，以之考核事物就能明察；意志端正，言论明察，则万事万物都能够管理得很好了。

名句的故事

孔子是春秋时代的礼学权威，但是当他进入太庙时，却是每个细节都要问。有人轻蔑地说："谁说孔子懂得礼？他进入太庙时，每件事都要问。"孔子听了这话之后说："这就是礼啊！"

精于物者以物物，精于道者兼物物

孔子以知礼而闻名于世，但是所谓的知礼，并不是知道每个仪式的细节，而是懂得礼的根本原理。他也期许学生能探究礼的根本道理。所以当学生林放向他请教礼的根本道理时，他很高兴地嘉勉林放："大哉问！"意思就是说，这个问题问得太好了。对于林放的问题，孔子的回答是："礼，与其奢也，宁俭；丧，与其易也，宁戚。"简单来说，礼的根本就是节制与诚意。

各地的礼仪风俗不同，有的地方打招呼是以握手的方式进行，有的地方是拥抱，有的地方甚至是用吐舌头来打招呼。所以入境一定要问俗，才不会出错。但是无论礼仪风俗的规定如何，都以诚意为根本，也都要求节制自己，不为他人带来困扰。

孔子曾说："殷因于夏礼，所损益可知也；周因于殷礼，所损益可知也。其或继周者，虽百世可知也。"后代对前代的礼仪，往往有所传承，也往往有所改变。孔子通晓礼的根本道理，所以百代以后的事，也能推知。有些人以为孔子只是食古不化的迂儒。但其实孔子所好的古，是能够"兼物物"的"道"。"道"恒常不变，所以古代的"道"，就是现代的"道"，也就是未来的"道"。在孔子的时代，"道"已经不被重视了，而未来又是渺不可知，所以孔子才会说自己"述而不作，信而好古"。至于那些专注在法制内容的学者，其实也就只是"精于物者"，他们所精的"物"，就是法制。

历久弥新说名句

民国初年的张骧伍将军原是太极名家宋德厚的得意弟子，剑术极高，他的师兄李景林更有"天下第一剑"之誉。后来张骧伍拜入武学大师李书文的门下，学习八极拳。李书文曾被李景林聘为武术教师，后来因比武时击毙了李景林请来的几名拳师，而被辞退。

有一天，李书文见到张骧伍在练剑，心知他和李景林学的是同一套剑法"昆吾剑"，就要求比试。才一交手，张骧伍的剑就被打落在地。张骧伍原以为是自己一时失误，可是连试几次，剑都脱手飞出，这才拜服，请教李书文学的是哪一套剑法。李书文说："我没学过剑术！"

李书文确实没学过剑术，他只是懂得武术的根本原理，因此对他而言，使用任何武器都不是难事。他后来把张骧伍的剑法加入了运劲的技巧，改称"八极剑"，传给了他的得意学生刘云樵。而刘云樵后来到了台湾，不但开创了武坛一派，自身也担任"总统府"侍卫队的总教练，负责传授保护元首的功夫。

李书文生平最重视的是武术的基本功，他学枪法，只学"拦""拿""扎"三个手法，他击败张骧伍时的剑术，其实就来自枪法的基本手法。不只是武术，世上的各种学问技艺，都该掌握其根本精神，并融会贯通，这就和荀子所说的"精于道者兼物物"，道理是一样的。

人之性恶，其善者伪也

名句的诞生

人之性恶，其善者伪也。今人之性，生而有好利焉，顺是，故争夺生而辞让亡焉；生而有疾[1]恶焉，顺是，故残贼生而忠信亡焉；生而有耳目之欲，有好声色焉，顺是，故淫乱生而礼义文理亡焉。

——《性恶篇》

完全读懂名句

1. 疾：憎恨，用法同"嫉"字。

语译：人的本性是恶劣的，那表现善良的，是出于后天的学习和修养。人从诞生到这个世界，便具备喜爱财富利益的本性，顺着这种本性发展，就会发生争夺的情事，而谦虚退让的行为便消失了；人也天生具备嫉恨、憎恶的本性，顺着这种本性发展，就会出现残害的行为，而忠信的行为就会消失；人还有天生具备的耳目的私欲，就是喜欢声色的本性，顺着这种本性发展，必然会出现淫乱的行为，而礼义、伦理就消失了。

名句的故事

这篇是荀子有名的"性恶论"。

他认为人天生本性就是"恶"的，要经过教育才能将人导向"善"的一面。他说，人必须要有教导、感化，要有礼义的引导，才会有谦虚退让的行为，才会有符合文化理智的行为，最后才能天下都归于统理。

荀子还举例，古代的明君，因为理解到人的本性是恶劣的，所以就振兴礼义、创建法度，用来改造、纠正人的行为，用来驯服、感化人的性情，并且引导人的本性以符合道义。一般人只要受到教育，累积了智识，通达礼义的道理，就会成为君子；如果放纵性情、胡作非为、违背礼义，就会变成小人。

由于人的本性缺乏礼义，所以要经过学习、思考，才能懂得礼义。人不讲求礼义，就会造成社会秩序的紊乱，就会做出违背事理的行为。所以荀子最后下结论，人性本恶的道理是非常确定的，人之所以表现良善，都是源于教育和学习呀！

历久弥新说名句

贾谊是汉文帝时代的经学家，汉文帝请他指导自己最喜欢的儿子梁王，因为汉文帝希望梁王多读书，未来好继承他的皇位。贾谊告诉汉文帝，教导皇子读书很重要，但更重要的是教他如何做一个正直的人。

贾谊举了一个例子，秦朝的二世皇帝胡亥，他的导师是赵高。赵高传授给胡亥的是严刑酷狱、满门抄斩，所以胡亥一当上皇帝，就大开杀戒，杀人就好像是割茅草一样。贾谊说："岂惟胡亥之性恶哉？彼其所以道之者非其理故也。"胡亥难道生来本性就很坏吗？他之所以变成这样，都是因为教导他的人没有引导他走上正道，这才是问题真正的原因呀。(《汉书·贾谊传》)

范文澜注释《文心雕龙》指出，孟子与荀子都是战国时代的大儒学家，都是受教于孔子门下，这两个人到底谁才是孔门的接棒人，是很难分出胜负的。荀子的"性恶说"之所以遭受许多非议，是因为大多数的人看到这篇文章的头两句，便吓了一跳，根本没有将全文读完，就开始抨击荀子的观点。事实上，荀子在《性恶篇》要传达的是"教育"可以发挥的力量。

在此告诫所有读书人，学习千万不能以偏概全，否则会导致智识上的盲点。

名句的诞生

君子隘穷[1]而不失，劳倦而不苟[2]，临患难而不忘细席之言[3]。岁不寒，无以知松柏；事不难，无以知君子无日不在是。

——《大略篇》

完全读懂名句

1. 隘穷：困厄穷困。

2. 不苟：不轻易、不草率。

3. 细席之言："细席"，为"茵席"之误。茵席之言即指昔日之言、平生之言。

语译：君子遇到陋穷之时，不会堕落迷失，劳倦时也不草率、随便，临患难时不忘记平生之言。岁时不寒冷，不知道松柏的强韧；事情不困难时，无法知道君子没有一天不怀道。

名句的故事

在王莽末年，刘秀揭竿起兵反抗暴政。在他经过颍川时，王霸和几个朋友一起加入他的阵容。一开始，战役进行顺利，可是在军队进入河北后陆续惨遭挫败。当时和王霸一起加入的朋友，一个一个离营而去，只剩下王霸。刘秀感叹地对王霸说："从颍川开始跟随我的人都离去了，只有你留

岁不寒，无以知松柏；事不难，无以知君子无日不在是

着，你真是不简单！我从你身上了解到何谓'疾风知劲草'。"

唐太宗诗曰："疾风知劲草，板荡识忠臣。"感叹唯有经历过暴风的吹袭，才能真正找到挺立不倒、坚韧的草；也唯有在艰难困苦的环境下，才能考验出人的坚强和情操。文天祥在《正气歌》里也提到"时穷节乃见"，意思是时势愈艰难，愈是能看出君子坚定不移的节操。

不管是"疾风知劲草"或是"时穷节乃见"，都与"岁不寒，无以知松柏；事不难，无以知君子无日不在是"的道理相通，不经患难，便看不出一个人真正的品德。

历久弥新说名句

《元曲·争报恩》里有一句话"路遥知马力，日久见人心"，意思是人和人之间的交往，必须经历时间与考验，才能辨别交情的深浅。

民间有个故事：路遥和马力两人是好朋友，路遥父亲是富商，马力的父亲是路遥家的仆人。这两人虽是主仆关系，但交情良好。到了论婚嫁的年纪时，路遥有钱有势，不愁娶不到美娇娘，马力家境贫困，一直没人提亲。

有一天有媒人给马力提亲，马力心中大喜，但却苦恼钱从哪来。于是向路遥请求帮助，没想到路遥提出一个条件：要借钱可以，但是洞房前三天由我代替你陪伴新娘。马力怒气冲天，但苦于穷困，只好忍痛答应，择日成亲。

马力煎熬过痛苦的前三天，第四天夜里他因心中懊恼，天一黑就拉被蒙头睡觉，一旁的新娘疑惑地问："夫君，为何您前三夜都是通宵读书，今天却蒙头大睡？"这时马力这才知道路遥给他开了个大玩笑，既喜又恼，发誓好好读书，果然考上状元，在京城做官。而好友路遥性情豪放，侠肝义胆，最后坐吃山空，无法度日。于是想起好友马力，便进京寻求帮助。马力见到路遥热情款待，当路遥说明来意后，马力顾左右而言他，根本没有帮助路遥的意思。

过了几天，马力频频催促路遥回家，路遥只得气愤沮丧地离开，还没进家门就听见里面哭成一片，只见妻儿守着一口棺材痛哭，他们看见路遥，又惊又喜。原来是马力派人送来棺材，说路遥到京城后，生重病去世了！路遥恼怒马力怎可如此开玩笑！但当他打开棺材一看，里面全是金银财物，还有一张纸条上写着："你让我妻守三天空房，我让你妻痛哭一场。"这对赤胆忠心的好友终以喜剧收场。

学者非必为仕，而仕者必如学

名句的诞生

君子进[1]则能益[2]上之誉，而损下之忧。不能而居之，诬也；无益而厚受之，窃也。学者非必为仕，而仕者必如学[3]。

——《大略篇》

完全读懂名句

1. 进：进仕。

2. 益：增益。

3. 仕者必如学：如，依照。意思是担任官职时，要与为学时态度相同。

语译：君子担任官职要能为上位者增添声誉，并且为在下者减少忧苦。如果不能做到还担任这个官职，就是欺骗；没有任何的增益而受领丰厚的俸禄，简直是盗窃的行为。做学问不一定是为了谋取官职，但是担任官职的人，他的态度必须和为学时相同。

名句的故事

子贡有次跟孔子抱怨，他感到疲惫，不想事君之事。孔子回答："《诗经》里曾提到'朝夕都需要温文恭敬，执行事情要恪然有礼'，事君的事情虽然很难，可是事君的事怎能停息呢？"子贡接着说："那我想停止事亲之事。"

孔子又引了《诗经》的话告诫："孝子的奉养没有竭尽之时，事亲也是不能懈怠的。"

子贡可能真的累坏了，说道："那我停止以礼对待妻儿的事，总行了吧？"孔子依旧摇摇头，说："《诗经》说先立典型于其嫡妻，以至于兄弟，然后至于家邦。"总之对妻儿的事情也是不能懈怠的。

子贡好奇了，追问："如果停止以礼对待朋友的事呢？"孔子还是说不可以："《诗经》说朋友要互相佐助，佐助以威仪。因此以礼对待朋友的事也不能懈怠。"

既然和人相关的事情都不能懈怠，子贡决定停息耕种之事。没想到孔子还是不同意，仍是引《诗经》的话"'白天要治理茅草，晚上要搓制绳索，动作要快，把茅草覆盖在屋顶后，就要忙着播种百谷了。'耕种的事这么重要，怎能懈怠啊"！

"唉！"子贡叹了口气，说："那我不就不能休息了。"孔子回答："还是可以的！当人进了坟墓，这时就可以休息了。"

子贡说："死真是重大啊！这时候，君子可以休息，小人也可以休息了！"

君子，无时无刻为业修德，为仕时更要战战兢兢，不负所学。若是尸位素餐，领取的俸禄视同窃盗，为政者要引以为戒啊！

历久弥新说名句

对于好读书的人，如果他当的官就是负责读书，而且能够在交通不便的古代，饱览群书，遍阅珍藏古籍，该是多么幸福的一件事啊！类似的幸运儿首推纪晓岚。

纪晓岚领修"四库"，遍读天下群籍，同代人大概无人可及，也因修"四库"的机会，他成了中国历史上少有的通儒。

纪晓岚也颇为自负，曾自豪地夸耀自己称得上"无书不读"。这话传到乾隆耳里，一日乾隆问道："纪爱卿，你学问渊博，举世无双，还有什么书没读过？"

纪晓岚听了，知道"无书不读"一事已传到皇上耳里，不再故作谦虚，说："臣似乎无书不读。"乾隆心中颇为不悦，故意说道："那好，明日朕让爱卿背一部书。"一听这话，纪晓岚可紧张了，书海浩瀚，万一皇上挑了本他没读过的，不就捅娄子了？况且以前读的书，纵使记忆力再好，还是难免会出差错。纪晓岚愈想愈烦，不知如何是好，回到家后，将此事说给爱妾杏仁听。

杏仁也替他着急，想到一部书就问一部，与纪晓岚比起来，杏仁读的书毕竟有限。忽然她看见书架上那部《皇历》，这部书杏仁常翻，而纪晓岚似乎没动过，便问道："老爷，您读过这部《皇历》否？"

一下子把纪晓岚问愣了，笑笑说："我又不卜卦占命，也不挑什么良辰吉日，念那东西做什么？"

"《皇历》也是书，您常说无书不读，如果皇上要您背这一部，您能说它不是书吗？"

纪晓岚听杏仁说得有理，就把《皇历》拿来翻了一遍。

宫中有个太监曾被纪晓岚捉弄，一心想让他出丑，趁这机会跟乾隆建议何不让纪晓岚背背《皇历》？第二天早朝，乾隆请纪晓岚留下来背书，几位大学士也想看好戏，看看纪晓岚能否通过这次的"殿试"。殿内悄然无声，乾隆久久不语，更增添紧张气氛。终于乾隆开口了："纪爱卿，若你将朕提的书背诵下来，朕便赐你'无书不读'。"纪晓岚一颗心如十五个吊桶，七上八下，忐忑不安。乾隆捻须一笑："那就背背《皇历》吧！"

一听到《皇历》纪晓岚如吃定心丸，心中感激杏仁，多亏她的提醒，让这场"殿试"顺利通过！乾隆看这回又没能难倒纪晓岚，心中倒也开心！

纪晓岚背诵《皇历》的趣事，在他仕途里成一美事，也不负他总纂"四库全书"的职务，更是增添了乾隆的声誉，成就中国图书亘古未有之伟业。

均薪施火，火就燥；平地注水，水流湿

名句的诞生

道不同，何以相有[1]也？均薪[2]施火，火就[3]燥；平地注[4]水，水流湿。夫类之相从也，如此之箸[5]也，以友观人焉[6]所疑。取友善人，不可不慎，是德之基也。

——《大略篇》

完全读懂名句

1. 有：借作"佑"，相互帮助之意。

2. 均：皆、全部。薪：柴火。

3. 就：趋近、靠近。如孟浩然《过故人庄》诗："待到重阳日，还来就菊花。"

4. 注：灌入、倾泻。

5. 箸：同"著"，显著之意。

6. 焉：岂、如何。《论语·先进》："未能事人，焉能事鬼。"

语译：假使遵循的理念、想法不同，如何去互相帮助扶持呢？同样是薪柴，在点燃时，火会往干燥的地方燃烧；同样是在平地上倒水，水会往湿的地方流去。同类的东西会互相跟从，这种现象是如此显著。用交往的朋友来观察为人，这种方式有什么值得怀疑？因此交好的朋友将能教导人向善，所以交友不可不慎重，这是修养道德的基础啊！

名句的故事

孔子说："益者三友，损者三友，友直、友谅、友多闻，益矣；友便辟，友善柔，友便佞，损矣。"好朋友为我们的品德、学识都带来更宽广的视野；然而坏朋友却只是为了利益结合。所以交友自然是要交益友，否则在潜移默化中逐渐被染黑了，身处墨缸里，恐怕也不自觉。所谓"近朱者赤、近墨者黑"，交友岂可不慎？

荀子说："君人者不可以不慎取臣，匹夫不可以不慎取友。"不仅是一般人要重视交友，身为君主者更不可不慎重。君主若能拔擢良臣，国家将更兴盛，唐太宗因身旁有谏诤出名的魏徵，缔造贞观盛世；反之，君主身旁若全是阿谀奉承之人，国家怎可能强盛？秦始皇统一天下，成一霸主，但二世胡亥宠信赵高，还惹来指鹿为马的荒谬剧。在庸君佞臣的荒唐中，帝国迅速瓦解，这一切恐怕是始皇帝始料未及的。

《易经·系辞上》"天尊地卑，乾坤定矣。卑高以陈，贵贱位矣。动静有常，刚柔断矣。方以类聚，物以群分，吉凶生矣。在天成象，在地成形，变化见矣"谈的就是"物以类聚"。台湾俗谚云："龙交龙、凤交凤、稳龟交洞憨，三八交叮咚。"所谓臭味相投，话不投机半句多，自己是个什么样的人，你的朋友是面镜子，可以投射出你的模样啊！

历久弥新说名句

若说唐太宗幸运地碰到魏徵，不如说魏徵何其有幸，遇上难得的圣君。

唐太宗和魏徵是史上有名的君臣，魏徵辅佐太宗十七年，史书称他："有志胆，每犯颜进谏，虽逢帝甚怒，神色不徙，而天子亦为之霁威。"他对太宗进谏时，就算太宗震怒，他还是能神色坚定，丝毫无惧，而太宗也能渐渐息怒，聆听谏言。他们二人，一个从善如流，一个直言敢谏，留下不少事迹，传为千秋佳话。

　　魏徵对于太宗，不管是公事还是私事，只要他认为不恰当，就会毫不客气地规劝。有一回太宗迷上逗玩"鹞鹰"，他正把一只小鹞鹰放在手上逗着玩时，忽然看见魏徵走过来，他心想如果被魏徵看见，免不了又要遭到劝诫，便赶紧把小鹞鹰藏入怀中。这魏徵早就看见了，故意把话题拉长，讲个不停，好不容易才说完。魏徵一离开，太宗急忙把怀中的小鹞鹰取出，一看，唉！小鹞鹰早已闷死了！太宗也了解到魏徵的用意，从此不再玩鹞鹰。

　　又有一次，太宗想要去终南山打猎，魏徵知道了，跑到宫门口去等候，想要劝阻。可是等了半天，都没消息。魏徵感到奇怪，进宫看看，只见太宗全副猎装打扮端坐着，却没有要出门的模样。魏徵疑惑问道："听说皇上要去终南山打猎，怎么还没出发呢？"太宗笑着回答："是啊！我本来是要出门的，但我一知道你在宫门口守候，就想你一定是要来阻止我的，所以我干脆不去了，你放心吧！"魏徵听了，有些不好意思，但也为能有这样的明君感到欣慰，笑眯眯地回家去了。

　　魏徵不给太宗留情面，也差点惹来杀身之祸。一日太宗退朝回宫后，怒气冲冲地对长孙皇后说："迟早我要杀了这个乡巴佬！"皇后一问，知道太宗是为了魏徵犯颜直谏而发怒，立即换上大礼服出来祝贺太宗，说道："君明则臣直，魏徵敢这么放肆，正因为皇上的圣明，真是为我们的大唐感到可喜可贺啊！"长孙皇后的智慧，让太宗怒气渐消，更让太宗懂得欣赏魏徵，他说："人言魏徵举动疏慢，我但见妩媚耳。"

魏徵病逝时，太宗痛哭并罢朝举哀五日，后来太宗对群臣说："以铜为镜，可以正衣冠。以古为镜，可以知兴替。以人为镜，可以明得失。朕当常保此三镜，以防己过。今魏徵殂逝，朕遂亡一镜矣！"在太宗心中，魏徵这面镜子是多么难得啊！多亏太宗对待臣子的态度，他在位时，人才辈出，几乎网罗了历史上的名相，谱就波澜壮阔、泱泱大风的"贞观盛世"。火就燥、水流湿，因有太宗雅量，才有魏徵这位"千秋金鉴"。千里马常见，伯乐难觅，良臣也需要明君，才能大放异彩。

芷兰生于深林，非以无人而不芳

名句的诞生

且夫芷兰生于深林，非以无人而不芳。君子之学，非为通[1]也，为穷而不困，忧而意不衰也，知祸福终始而心不惑也。

——《宥坐篇》

完全读懂名句

1. 通：通达。

语译：芷兰生长在蓊蓊郁郁的森林之中，并不会因为没有人迹而不散发出香气；君子的学习并不是为了求取显达官赫，而是为了在穷困时，不会感到困厄；遭到忧患时，意志也不衰退；能够了解祸福依循的道理，而内心不会迷惑。

名句的故事

孔子周游列国，难免也会遭遇进退维谷的窘境，这次受到楚昭王的邀请前去楚国，便是一例。孔子在陈国、蔡国待了一段日子，没有什么成绩，因此决定接受楚国的邀请。孔子从陈国再往南到楚国的途中，会经过蔡国，恰巧遇到一场正在发生的国际战争，所以被困在陈国与蔡国之间。

孔子很无奈，因为陈、楚、蔡等

三国，都与这场战争有关，而陈国、蔡国的贵族们，害怕孔子会为楚国所用，因此决定牵制孔子的去向。孔子不是只有自己一个人，还有跟随他的弟子们，大家整整七天都没有吃到熟食，个个都饿昏了。

子路首先发难，他问孔子说："我听说，做善事的人上天会回报他幸福；作恶多端的人上天就回报给他祸害。老师积德行义已经很久了，为什么会遇到这样的窘境呢？"

孔子很坦荡地告诉子路，比干是个贤臣被挖心而死，关龙逢是个忠臣也还是被杀，忠谏之臣伍子胥也是曝尸在姑苏城外，能不能飞黄腾达与机会有关，怀才不遇的人太多了，不是只有他一个。孔子并用"芷兰"恒久的香气来比喻自己，认为君子不断地学习是为了培养智慧谋虑、端正身心，等待好的机会来临。

历久弥新说名句

"芝兰"其实比"芷兰"更常被使用。例如我们常听到的"与善人居，如入芝兰之室"（《孔子家语》），"芝兰之室"就是指良好的环境，意思是说，与好人来往就如同住在好的环境，会受到好的熏陶；相反地，"与恶人居，如入鲍鱼之肆"，鲍鱼在古代是指腌渍过的咸鱼，"鲍鱼之肆"是指卖腌鱼的店铺，比喻恶臭的环境，又衍生出"小人聚集的场所"之意。因此，和恶人来往就好像居住在恶臭的环境，久而久之，也不会觉得臭了；换句话说，自己的性格也变得跟恶人一样了。

《晋书·谢安传》记载，谢玄是宰相谢安的侄子，从小便聪明过人，与堂兄谢朗一道被谢安所器重。谢安常常给子侄机会教育，例如他曾经问："子弟亦何预人事，而正欲使其佳？"
意即，你们会用什么方法教育弟子，让弟子更好呢？众人都默
不作声，只有谢玄回答："譬如芝兰玉树，欲使其生于庭阶耳。"
谢玄要把子弟当作芝兰玉树一般栽培，让他们能在好的环境中
生长，生生不息。谢安听了非常高兴。后人便用"芝兰玉树"
来比喻优秀的子弟。

名句的诞生

鲁哀公问于孔子曰："子从父命，孝乎？臣从君命，贞乎？"三问，孔子不对。孔子趋出，以语子贡曰："乡[1]者，君问丘也，曰：'子从父命，孝乎？臣从君命，贞乎？'三问而丘不对；赐以为何如？"子贡曰："子从父命，孝矣；臣从君命，贞矣；夫子有奚[2]对焉。"孔子曰："小人哉。赐不识也。昔万乘之国有争[3]臣四人，则封疆不削；千乘之国有争臣三人，则社稷不危；百乘之家有争臣二人，则宗庙不毁。父有争子，不行无礼；士有争友，不为不义。故子从父，奚子孝？臣从君，奚臣贞？审其所以从之之谓孝之谓贞也。"

——《子道篇》

完全读懂名句

1. 乡：音"xiàng"，过去，通"曩"。也作"向"。

2. 奚：为什么。

3. 争：音"zhèng"，谏止、规谏，同"诤"。

语译：鲁哀公问孔子说："儿子服从父命，这是孝吗？臣子服从君命，这是贞吗？"三度发问，孔子都没有回答。孔子走出后，告诉子贡说："刚才君主问我说：'儿子服从父命，这是孝吗？臣子服从君命，这是贞吗？'三度发问，我都没有回答。赐（端木赐，即子贡），你以为如何呢？"子贡回答说："儿子服从父命，这就是孝了；臣子服从君命，这就是贞了。老师您又有什么可回答的呢！"
孔子说："真是见识小的人啊！赐，你不了解。古时万乘之国有敢直言进
谏的诤臣四人，国家的疆土就不会被侵削；千乘之国有敢直言进谏的诤臣
三人，社稷就不会危亡；百乘之国有敢直言进谏的诤臣二人，宗庙就不会
被毁灭。有敢直言进谏的诤子，父亲就不会做出无礼的事情；读书人有敢
直言进谏的诤友，就不会做出不义的行为。所以儿子服从父命，怎么能算
是子孝呢？臣子服从君命，怎么能算是臣贞呢？必须审度他所服从的情形
是否适当，才叫作孝，才叫作贞啊！"

名句的故事

　　鲁国大夫孟懿子曾经向孔子请教孝道，孔子回答："无违。"
樊迟不明白"无违"的意思，所以孔子进一步说明："生，事
之以礼；死，葬之以礼、祭之以礼。"（《论语·为政》）原来
无违二字是指孝顺父母必须不违背礼节，而不是指不违背父母
之命而已。

　　然而，当父母有过失的时候呢？孔子说："事父母几谏，
见志不从，又敬不违，劳而不怨。"（《论语·里仁》）所以当
父母有过失时，做子女的不能视而不见，必须婉言规劝，即使
父母不肯接受，子女的态度仍要保持恭敬，就算心里担忧，也
不怨恨。因此，当鲁哀公问了孔子三次："子从父命，孝乎？"
孔子便无法回答，因为只有服从，又怎能是孝呢？必须审度所
服从的情形是否适当才行呀！

历久弥新说名句

　　齐景公对晏子说："我想要改善齐国的政治，以获得在诸

侯中称霸的地位。"晏子很认真地回答说:"官员还不具备呀!"

景公变了脸色,很不高兴地说:"齐国虽然小,但怎么能说没有具备官员呢?"晏子回答:"我指的不是这个意思。从前我国祖先桓公,当身体懈怠于朝政时,有隰(xí)朋在旁帮忙处理;当身边的人多有过失、刑罚不公时,有弦章在旁协助匡正;当农业荒废、人民不得安宁时,有宁戚在旁帮助治理;当军吏惰慢、战士偷安时,有王子成甫在旁加以管治;当行为放纵、无人劝阻时,有东郭牙在旁犯颜直谏;当德义不合规范,信誉败坏时,有管仲予以纠正。桓公能够利用别人的长处来补正自己的缺失,利用别人的优点来补足自己的弱点,所以政令传到远方而无人违犯,武力讨伐有罪而不受阻碍,所以各国诸侯都臣服他的仁德,而周天子也给予他崇高的礼遇,送他祭祀宗庙的祭肉。现在您的过失很多,却没有一个士人告诉您,所以说官员还不具备啊!"景公说:"你说得有道理。"(《晏子春秋·内篇问上》)

晏子所指的官员还不具备,是指齐景公还没有敢直言进谏的臣子,因此很替景公想称霸诸侯的企图担心,尤其景公自己也尚未觉悟,因此,恐怕更难以达到称霸的目的。

楚庄王登上君位,三年不理朝政,还对国内下令说:"我讨厌做臣子的人啰啰嗦嗦地劝谏国君。现在我享有国家,掌管江山社稷,如果有人来劝谏我,我一定要处死他而绝不饶恕。"苏从说:"担任国君的高官,享受国君的厚禄,如果怕死而不劝谏国君的话,那就不是国君的忠臣。"于是进宫劝谏。庄王正站在钟鼓乐器之间,左手抱着杨姬,右手搂着越姬,左边靠的是被褥,右边放的是朝服,看见苏从进来劝谏,便说:"我听音乐的时间都不够,哪还有空听你什么劝谏?"苏从说:

"我听说喜欢正道的人资助多，喜欢玩乐的人迷惑多；喜欢正道的人粮食多，喜欢玩乐的人危亡多。我想，楚国再过不了多久就要灭亡了，所以就冒死大胆地来告诉您。"庄王说："说得好。"于是左手拉着苏从的手，右手抽出暗藏的刀，割断悬挂钟鼓的绳，第二天拜苏从为宰相，从此认真治理朝政。(《说苑·正谏》)

楚庄王三年不理朝政，事实上是借机观察百官的言行及忠贞程度，而苏从果然敢冒死不讳，直言进谏，可见其并不是贪生怕死而一味服从国君的唯诺臣子，因此才得到庄王的肯定。

名句的诞生

子路问于孔子曰："有人于此，夙兴夜寐[1]，耕耘树艺[2]，手足胼胝[3]以养其亲，然而无孝之名，何也？"孔子曰："意者身不敬与？辞不逊与？色不顺与？古之人有言曰：'衣与缪[4]与不女[5]聊[6]。'今夙兴夜寐，耕耘树艺，手足胼胝以养其亲，无此三者，则何以为而无孝之名也？"孔子曰："由志之，吾语女。虽有国士之力不能自举其身；非无力也，势不可也。故入而行不修，身之罪也；出而名不章，友之过也。故君子入则笃行，出则友贤，何为而无孝之名也？"

——《子道篇》

完全读懂名句

1. 夙兴夜寐：早起晚睡。

2. 树艺：种植。指栽种果木、谷物、菜蔬等。

3. 手足胼胝：因劳动过度，手脚皮肤久受摩擦而生出厚茧，在手是胼，在脚是胝。比喻不辞劳苦，努力工作。胼：音"pián"。胝：音"zhī"。

4. 缪：应为"醪"字的讹误。醪：音"láo"，浊酒。

5. 女：通"汝"，你。

6. 聊：依赖、凭借。

语译：子路问孔子说："这里有人早起晚睡，

耕耘种植，不辞辛苦地努力工作来奉养双亲，然而却没有孝顺的名声，这是为什么呢？"孔子回答："我猜想也许是因为他的态度不恭敬吧，或是他的言辞不谦逊吧，或是他的容色不和顺吧？古人说：'衣服和饮食都不依赖你。'如今有人早起晚睡，耕耘种植，不辞辛苦地努力工作来奉养双亲，如果没有这三个缺点，那么为何会没有孝顺的名声呢？"孔子说："由，你记住，我告诉你：虽然具有国士般的大力气，也不能举起自己的身体呀！这并不是力气不够，而是形势不可能的缘故。所以在家若行为不涵养，这是自己的罪过；出门在外若名声不彰显，这是朋友的过失。因此，君子在家就要笃志修行，出门在外就结交贤良朋友，这样又怎么会没有孝顺的名声呢？"

名句的故事

子夏曾经向孔子请教如何才是孝道，孔子回答说："最难的是子女能够以和颜悦色的态度事奉双亲。假如仅仅做到家里有事，由子女代劳；有了酒饭，让父母饮用，难道这样就算是孝道了吗？"（《论语·为政》）而子游向孔子请教孝道时，孔子也说："现在所谓孝顺的人，是指在饮食方面能够供养父母。即使是狗和马也都能够得到饮食的饲养呀，如果对父母没有心存敬意的话，那么跟饲养狗和马又有什么分别呢？"（《论语·为政》）所以当子路疑惑：一个努力工作奉养父母的人，为什么竟然没有得到孝顺的好名声？孔子便告诉他可能是那个人奉养父母时态度不够恭敬，或言辞不谦逊，或容色不和顺的缘故啊！少了怀抱父母养育之恩的敬意，即使物质供给再丰富，也只是徒具形式，与饲养家畜或宠物是一样的，自然不是孝道了。

历久弥新说名句

　　战国时期齐国宰相田稷子，有一次私下接受部属行贿的黄金，并将它送给自己的母亲。母亲惊讶地问："你担任宰相已经三年了，俸禄从未像今天这么多，难道这是别人进献的钱财？"田稷子老实地回答："这是部属送来的财礼。"母亲非常生气地说："我听说士大夫应该修养自身、操守纯洁，不应该追求不正当的财物；应该竭尽真诚去办事，不应该做欺诈虚假或不义的事情；不是正当来源的利益，就不应该拿进家门。言行须一致，内心和外表要相称。现在国君授予你高官，供给你厚禄，你的言行也要能够报答国君才行。做臣子的事奉国君，如同做儿子的事奉父亲一般，必须竭尽心力，忠实诚信而不虚假，一定要效忠国君，誓死奉命，做事廉洁公正，这样才能心胸通达而没有忧患。但是，现在你却不是这样！做人臣不忠，就是做人子不孝。不义之财，并不是我应有的；不孝的儿子，也不是我的儿子。你，走吧！"

　　田稷子很惭愧地走出家门，把黄金退还给部属，并自动向齐宣王投案请罪，请求处死自己。齐宣王知道后，非常赞赏他母亲的节义，于是赦免田稷子的罪责，恢复他的相位，还厚赐他的母亲。（《列女传·卷一·母仪传》）

　　田稷子虽然犯了错，不过在母亲严切教诲之后，他立即改过，不但主动向齐宣王请罪，还要求处死自己，可见是个入则笃行、孝母至诚的人，因此，才能得到齐宣王的再次肯定，也留下孝顺的美名。

良医之门多病人，檃栝之侧多枉木，是以杂也

子贡曰："君子正身以俟[1]，欲来者不距[2]，欲去者不止。且夫良医之门多病人，檃栝[3]之侧多枉木，是以杂也。"

——《法行篇》

完全读懂名句

1. 俟：等待。

2. 距：通"拒"，拒绝。

3. 檃栝：音"yǐnkuǒ"。矫正弯木头的器具，引申为矫正的意思。

语译：子贡说："君子端正自己来等待求学的人，不拒绝想要来学习的人，不会阻止想要离开的人。例如好医生的门前会有很多病人，整形器具旁边会放着很多弯木头，所以孔子的门下有不同程度的学生呀。"

名句的故事

荀子相信"人性本恶"，因此非常重视礼教与法治的力量，如在《法行篇》中提到："礼者，众人法而不知，圣人法而知之。"意即，礼制这种东西，一般人遵循它，却不知其所以然，但是圣人遵循它而且能够知其所以然。所以，要让一般人了解什么是礼制，

就要借用教育的力量，孔子的"有教无类"，正是此一理念的执行。不论是什么样的学生，只要有学习的意愿，圣人孔子都愿意教化他。

话说曾子生病了，他的儿子曾元便抱着他的脚，伤心落泪。曾子趁机说："元呀，你要记住！那些鱼以为渊池还太浅，所以在那里面打洞安身；鹰鸢以为山岭还太低，所以在那上面筑巢栖息；如果它们被人抓到了，一定是受到钓饵的引诱。所以君子如果不因钱财利益而背弃道义，那么耻辱也就无从到来了。"

渊池当然深，山岭也当然高，除非受到引诱，否则鱼怎么可能被抓、老鹰怎么可能被捕？荀子在本质上是承袭儒家的基本思想，虽然他是从"人性本恶"为出发点，但是也相信教育的力量，可以把"枉木"变成"直木"。

历久弥新说名句

范雎是战国时期魏国人，跟当时的人一样，范雎也周游列国，希望能获得某一个国君的重用。后来范雎有机会上书秦昭襄王，便积极争取要亲自面见大王、阐述抱负。范雎在信上说："良医知病人之死生，而圣主明于成败之事，利则行之，害则舍之，疑则少尝之，虽舜禹复生，弗能改已。"意即，高明的医生能知道病人的生死，圣明的君主能洞察国事的成败，认为有利国家的就实行，有害的就舍弃，有疑惑的就稍加试验，即使舜和禹死而复生，也不能改变这种方略。(《史记·范雎蔡泽列传》)范雎用良医来比喻秦昭襄王，从另一方面看，他也用良医来比喻自己、突显自己的价值，后来果真受到秦昭襄王的重用。

　　用良医来比喻圣君的还不只范雎一人，还有唐朝的贤臣魏徵。面对"贞观之治"的盛世，诸多公卿大臣都鼓励唐太宗封禅，只有魏徵持反对意见，他举例说："有一个人病了十年后治好了，但这个人的身体应该还是很虚弱，如果要他背着一石的米，一天走上百里路程，是不可能的；隋朝末年的乱象不只有十年，虽然已经被唐太宗这位良医所治好，但是人民休养生息的时间还是不够的，现在要昭告天地说太平盛世到来，并不恰当。"唐太宗最后接纳魏徵的谏言。(《旧唐书·魏徵传》)

复礼克己，制名指实

名句的诞生

凡用血气、志意、知虑，由礼则治通，不由礼则勃[1]乱提僈[2]；食饮、衣服、居处、动静，由礼则和节，不由礼则触陷生疾；容貌、态度、进退、趋行，由礼则雅，不由礼则夷固僻违[3]、庸众而野[4]。故人无礼则不生[5]，事无礼则不成[6]，国家无礼则不宁[7]。《诗》曰："礼仪卒度，笑语卒获。"[8]此之谓也。

——《修身篇》

完全读懂名句

1. 勃：同"悖"，音"bèi"，做事不合情理。

2. 僈：音"màn"，怠慢。

3. 夷固僻违：倨傲僻邪。

4. 庸众而野：平庸而粗鄙。

5. 生：生存。

6. 成：成功。

7. 宁：安宁。

8. 礼仪卒度，笑语卒获：语见《诗经·小雅·楚茨》。卒：尽。度：法度。获：同"矱"，音"huò"，即矩矱，意指规矩法度。

语译：凡是运用血气、心志意念、智慧思虑，只要顺着礼就能顺利通达，不顺着礼就会悖乱怠慢；吃饭饮水、穿衣戴帽、居处动静，只要顺着礼就能合于节度，不顺着礼就会遭遇陷阻出现问题；容貌态度、进退处世，只要顺

人无礼则不生，事无礼则不成，国家无礼则不宁

着礼就能优雅，不顺着礼就会倨傲僻邪、平庸而粗鄙。所以人没有礼就不能生存，事情没有礼就不能成功，国家没有礼就不能安宁。《诗经》上说"礼节威仪合法度，言谈笑语有规矩"，说的就是这个道理。

名句的故事

荀子主张用礼来矫治人性本恶的劣根性，所以无论在个人的修养或社会国家的治理上，都特别重视礼，因此，礼的涵摄范围极广，包括治国安邦、立身处世、日常生活细节，甚至思想言论等等，无一不以礼作为准绳，故曰："礼者，人道之极也。"（《荀子·礼论》）

西周初，周公辅佐成王，因而制礼作乐，使礼乐成为治国的标准："按照礼乐来观察人的德行，德行是用来办理事情的，事情办好了就用来衡量功劳，立了功劳就可以封赏邑田。"又说："毁弃礼义就是贼，掩护贼人就是窝赃。偷窃财物就是盗，盗窃宝玉就是奸。有窝赃的罪名，贪得奸人的宝物，这是最坏的行为，要按照国家规定的刑法来处罚，不能赦免。这记载在九刑之中，可依情节轻重适当量刑。"（《左传·文公十八年》）

等到周天子权力逐渐式微，诸侯僭礼越权却日益猖獗时，礼乐形同虚设，《诗经·墉风·相鼠》里便强烈地讽刺失仪无礼者的腐败不堪，甚至极度地鄙夷与憎恶："相鼠有皮，人而无仪；人而无仪，不死何为？相鼠有齿，人而无止；人而无止，不死何俟？相鼠有体，人而无礼；人而无礼，胡不遄死？"意谓老鼠虽然龌龊卑下，且偷窃成性，人皆厌恶喊打，然而比起行为举止不端、品德性格恶劣、无礼而荒淫无度的伪君子，教人恨之咒骂"不死何为""不死何俟""胡不遄死"，又显然好太多了。

历久弥新说名句

周惠王十六年（公元前六六一年），鲁庄公去世后，其子子般继位，却不到两个月，就被庄公的弟弟庆父所弑，于是改立庄公妾叔姜之子启，是为闵公。因叔姜是齐国人，所以闵公即位后，齐国便派仲孙湫（jiǎo）来鲁国视察，仲孙回国后预言："不去庆父，鲁难未已。"意指鲁国如果不除掉庆父，那么鲁国的灾难就不会结束。齐桓公听了，以为可以趁机攻打鲁国，于是试探地问仲孙："鲁国可以攻取吗？"仲孙回答："不可以。鲁国还秉持着周朝的礼法，而周朝的礼法是立国的根本。因此，鲁国只要不抛弃周朝的礼法，就不能动摇它。您反而应该协助安定鲁国并亲近之。因为亲近有礼仪的国家，依靠根本稳固的国家，离间内部叛离的国家，灭亡昏昧暴乱的国家，这才是完成王霸盛业的方法啊！"虽然齐桓公因此打消攻打鲁国的念头，不过，鲁国却正如仲孙所预言，闵公即位不到两年，就又被庆父所弑，直到鲁人逼庆父自缢身亡，改立庄公妾成风之子申，即僖公，鲁国才得以安定。（《左传·闵公十八年》）

鲁僖公三十三年春天，秦穆公得到留守郑国的秦国大夫杞子的密报，决定出兵攻占郑国。当大军来到周天子都城北门时，战车上除了中间的驾驶之外，左右士兵都脱去头盔跳下车，随即又跳上车，并没有遵守行经王城应"卷甲束兵而趋"（即脱下战甲、束其兵器而步行）的礼法，这样的战车共有三百辆。当时周襄王的孙子姬满，虽然年纪还小，但看到这种情形后，便对周襄王说："秦军轻狂无礼，一定会打败仗。因为轻狂不敬，就会缺少谋略；没有礼法就会轻忽大意、没有纪律约束。进入险地而轻狂，不谨慎行事，又没有约束、谋略，这样能不打败仗吗？"果然郑国早有防备，秦军无功而返的途中，却又在崤山遭遇晋军的突袭，几乎全军覆没。(《左传·僖公三十三年》)

名句的诞生

推[1]礼义之统，分[2]是非之分[3]，总[4]天下之要[5]，治海内之众[6]，若使[7]一人。故操[8]弥约[9]，而事弥大。五寸之矩[10]，尽天下之方也。

——《不苟篇》

完全读懂名句

1. 推：推广。

2. 分：辨别、辨明。

3. 分：音"fèn"，分际。

4. 总：统括。

5. 要：要道，最重要的道理。

6. 众：民众。

7. 使：使唤、指使。

8. 操：操持、把守。

9. 约：简约。

10. 矩：画方形的器具。

语译：推广礼义的道统，辨别是非的分际，统括天下的要道，治理海内的民众，就像指使一个人一样简单。所以操持愈简要，所能做的事就愈重大。五寸的矩，就能画天下所有的方形。

名句的故事

孔子说自己"七十而从心所欲，

不逾矩"。对资质平平的人而言，"从心所欲"是再简单不过的了，凡事顺着自己的心意去做，又有什么做不到的呢？对资质较好的人而言，"不逾矩"也非难事，曾子说："如临深渊，如履薄冰。"抱持着这种心情来做人做事，纵使不能全然合乎法度规矩，也不会有太大的差池。然而，凡事顺着心意去做，却能完全合乎法度规矩，并能够安而行之，不勉而中（程朱注解），这就不是常人所能做到的了，也正是孔子之所以被称为圣人的原因。

凡事顺着心意去做，却不会逾越法度规矩，这代表连起心动念都是符合规矩的。人的行为容易掌握，心意却不容易控制。常言道："心猿意马。"猴儿好动，马儿爱跑，这是它们的天性，而人的心意却比猴儿还好动，比马儿还爱跑。如若不信，静坐半晌就知道了，要让脑中完全空白一时片刻，不经长久训练，几乎是不可能的。所以圣贤如孔子者，也要到七十岁时，才能驯服自己的心念。

所谓"不逾矩"还牵涉到另一个问题：不同的地方有不同的规矩。既然如此，孔子所"不逾"的，又是哪个地方的"规矩"呢？

子张曾经问孔子做事的准则，孔子告诉他："言忠信，行笃敬。虽蛮貊之邦行矣！"意思是，说话要坚守诚信，做事要竭尽心力，这是连最偏远的地方也相通的道理。由此看来，孔子心中的规矩，实在是放诸四海皆准的根本道理，也就是荀子所说的，能够"尽天下之方"的"五寸之矩"。

历久弥新说名句

孟子说："离娄之明，公输子之巧，不以规、矩，不能成方、圆。"《淮南子》也说："非规矩，不能定方圆；非准绳，不能正曲直。"意思是再高明的工匠，少了必要的工具，还是做不好工作。

社会的安定也有赖于特定的工具。在荀子眼中，安定社会的工具就是"礼制"。

自周公制礼作乐以来，"礼制"就是安定社会的基础。到了春秋战国时代，礼崩乐坏，社会便开始陷入动乱。孔子有感于此，积极宣扬"礼制"的意义与作用，以期实现天下太平的理想。

荀子继承了孔子的理想，崇尚"礼制"，不过他也发现了"礼制"的限制，即过去的礼乐制度已不尽符合时代。于是，他强调取法于"后王"，尊崇近世的王道，其与孟子效法尧舜等"先王"的理念，形成分庭抗礼的两大主张。

到了荀子的学生，如李斯、韩非之流，以取法"后王"、崇尚"礼制"等主张为不足，而以尊崇"时君"、推行"法制"为学说内容。至此，荀子的儒家理论，转而为法家理论所取代，而荀子的学生韩非，也成了法家的集大成者。

不过，"礼制"和"法制"在根本上是不同的。"礼制"是依据内在的规范来制定各类典章礼仪，"法制"则偏重外在的规定并主刑罚。孔子早就说过，以"礼制"来教化人民，会使他们重道德、知羞耻，而以"法制"来规范人民，则他们心中就只求免除刑罚。免除刑罚的办法有很多，欺瞒当权执法者的耳目就是其一，于是社会就陷入政府和人民斗智的混乱情况之中。

　　儒家其实可以不必转变为法家。孔子、孟子哪里会不知道礼制已不尽符合时代。不过，他们的做法不只是针对礼制的内容进行改革，而是要直探礼制的精神。礼制的内容可以因时而变，但礼制的精神则是永恒的。礼制的精神是什么？孔子拈出的"仁"字，才是儒家历久弥新的真正传统。

名句的诞生

荣辱之大分，安危利害之常体：先义而后利者荣，先利而后义者辱；荣者常通，辱者常穷；通者常制人，穷者常制于人；是荣辱之大分也。材悫[1]者常安利，荡悍者常危害；安利者常乐易[2]，危害者常忧险；乐易者常寿长，忧险者常夭折；是安危利害之常体也。

——《荣辱篇》

完全读懂名句

1. 悫：谨慎，音"què"。
2. 乐易：欢乐平易。

语译：荣辱的大分别，安危利害的常理：先讲义而后求利的为荣，先求利而后讲义的是辱；荣的人常亨通，辱的人常困穷；亨通的人常去制人，困穷的人常被人所制；这就是荣辱的大分别。朴实谨慎的人常安逸多利，放荡暴悍的人常危险多害；安逸多利的人常欢乐平易，危险多害的人常忧虑险阻；欢乐平易的人常长寿，忧虑险阻的人常夭折，这就是安险利害的常理。

名句的故事

子路问怎样才算人格完备的人。孔子回答："见利思义，见危授命，久

先义而后利者荣，先利而后义者辱

要不忘平生之言，亦可以为成人矣！"只要看到利益，能够顾到义理；遇到危险，可以慷慨舍命；与人有旧约，不要忘了平日所许下的诺言。这样也可以算是人格完备的人了。

然而，一旦利与义只能择其一时，君子与小人的取舍却大有不同，诚如孔子所说："君子喻于义，小人喻于利。"（《论语·里仁》）因此，当孟子来到魏国，梁惠王第一句话就是问他："老先生，您不辞千里而来，是有什么妙计可以让我国获利的吗？"孟子却回答说："请您谈仁义就好了，何必要说利呢？"（《孟子·梁惠王上》）可见真正的君子是"义以为质"（《论语·卫灵公》），不论为人处事，均以义为原则；如果"不义而富且贵"，则"于我如浮云"（《论语·述而》），宁可粗衣淡食，也不要用不合理的方法得到富贵。

先义而后利，即先公而后私，孔子说："君子之仕也，行其义也。"（《论语·微子》）君子出来做事，是为了行义，因此，宋代范仲淹曾说："在朝廷做官的时候，忧虑的是人民的生活；如果不做官，就担心国君施政的得失。像这样，做官的时候也忧虑，不做官的时候也忧虑，要到什么时候才能快乐呢？他们一定会说'先天下之忧而忧，后天下之乐而乐'啊！"（《岳阳楼记》）孟子也说："乐民之乐者，民亦乐其乐；忧民之忧者，民亦忧其忧。"（《孟子·梁惠王下》）所以真正以天下为己任的人，必然是"乐以天下，忧以天下"。

历久弥新说名句

当曹操围攻下邳时，关羽视死如归，不料曹将张辽却大笑对他说："你这么做，不是会叫天下人耻笑你吗？"关羽不解地说："我仗义而死，怎么会被天下人笑呢？"张辽说："你与刘备结义为兄弟时，誓言同生共死，现在刘备战败，而你却战死，如果将来刘备东山再起，想要得到你的帮助却不能够，那你不是辜负了当时结义的誓约？况且，刘备将家眷托付给你，如果你战死，刘备的家眷就无所依赖，那你不是辜负了刘备对你的托付？更何况，你文武双全，不想着帮刘备匡扶汉室，却一心只想战死，逞匹夫之勇，又哪里仗义呢？倒不如投降曹操，一可保全两位夫人，二则不违背桃园结义，三留有用之身，打听刘备的下落。"关羽听了则说："好，只要曹操答应三件事，我就投降：第一，我只降汉帝，不降曹操；第二，请赡养两位夫人；第三，得知刘备的消息，我就要离开。"曹操答应后，故意安排关羽与刘备的两位夫人在驿馆安歇时共处一室，不料关羽却秉烛立于户外，一直守卫到天亮，毫无倦容。曹操十分敬重佩服，从此对关羽十分礼遇，三日一小宴，五日一大宴，又赠绫罗锦缎金银美女，关羽则通通交给两位夫人，并每隔三天必向两位夫人问安。

有一次，曹操见关羽的战袍旧了，特意做了新战袍相赠，关羽虽然穿上新袍，却仍将旧袍披在外："不敢以丞相之新赐而忘兄长之旧赐。"曹操赞叹地说："真义士也！"便将吕布的赤兔马送给关羽，关羽再三拜谢："这匹马能够日行千里，将来我就可以在一日之内与刘备相见。"曹操感叹地说："事主不忘其本，乃天下之义士也。"关羽为曹操立下不少战功后，得知刘备在袁绍军中，立刻将曹操所赠的金银一一封置库中，悬帅印于堂上，护送两位夫人离去。曹操想要用礼遇之恩打动他，关羽却不为所动，即使过五关斩六将，仍执意离去。后孙权、刘备与曹操三军战于赤壁，曹操败走华容道，关羽基于情义，宁犯军法，最后还是放走了曹操。(《三国演义》)

关羽重义轻利，不论对刘备的结义之情，还是曹操的礼遇之恩，他都能守义为先，绝不以自身利益为考虑，因此才能名留青史，传为美谈佳话。

　　吕布则不然。吕布原是荆州刺史丁原的义子，但当李肃带着董卓所赠的赤兔马及黄金一千两、明珠数十颗、玉带一条劝降吕布时，吕布即杀了丁原，并拿着丁原的首级投降，改拜董卓为义父。后司徒王允以连环计，命貂蝉色诱离间董卓与吕布两人，吕布果然愤而与王允、李肃合谋杀了董卓。董卓死后，旧部李确、郭汜攻入京城，吕布战败，于是仓皇出逃投靠袁术，不料袁术因吕布反复不定，拒而不纳。吕布改而投靠袁绍，后因立了战功而轻慢袁绍的其他将士，气得袁绍想杀他。吕布便去投靠张杨，但李确和郭汜却写信要张杨杀了吕布。吕布只好投靠张邈，并与曹操数次交战，最后被曹操大败于定陶。吕布则投奔徐州的刘备，由于张飞反对，故刘备让吕布屯于小沛。不久，张飞因醉鞭打吕布的丈人曹豹，曹豹怀恨在心，密信要吕布趁机引兵袭夺徐州，果然一举成功，但吕布接受陈宫的建议，与刘备修好，改让刘备屯于小沛。袁术假意要娶吕布之女为媳，意在离间刘备与吕氏，吕布识破后拒绝婚盟，却又因以为刘备在小沛招兵买马且盗劫其马，所以率兵攻小沛，刘备弃城投靠曹操。不久，吕布听信陈珪、陈登父子反遭出卖，而让曹兵攻陷徐州，吕布退回下邳。不久，吕布部众各生异心，宋宪、魏续与侯成合谋，先盗赤兔马献曹操求和，再趁机缚吕布给曹操，最后吕布被曹操缢死于白门楼。（《三国演义》）

　　吕布重利轻义，虽然勇猛无比、武艺超凡，却因见异思迁、行为反复、数易其主，故同乡人李肃批评他是个"勇而无谋，见利忘义"的人，而张飞每与之临阵对敌时，总先痛骂他是"三姓家奴"，可见他的人格为世人所不齿。

名句的诞生

故君子之度己则以绳，接人则用抴[1]。度己以绳，故足以为天下法则矣；接人用抴，故能宽容，因求以成天下之大事矣。

——《非相篇》

完全读懂名句

1. 抴：音"yè"，牵引。

语译：君子用直绳来度量自己，对待别人则用引导。用直绳度量自己，所以可以为天下人所效法；对待别人用引导，所以能够待人宽容，并通过他人的协助完成天下的大事。

名句的故事

"非相"是不要以貌取人，另一个意义就是要善用每一个人的能力。荀子说，君子因为贤明所以能容纳懦弱的人，因为有智慧所以能容纳愚昧的人，因为博学多闻所以能容纳见识浅薄的人，因为德行纯正所以能容纳品性驳杂的人，这就是君子超越别人的方法。而一个国家的君王可以感化其他国家的百姓，也就是依靠这种能力。

"度己以绳"是后人常用的成语，

是指用一定的道德标准要求自己，使行为合乎法度。一个人的行为如果不合乎法度，就是危险的开始。

荀子在本篇中举了一些例子。如果出现以下的状况，人就会有三种不祥的征兆："幼而不肯事长，贱而不肯事贵，不肖而不肯事贤。"身为晚辈却不愿意事奉长辈，身为卑下的人却不肯事奉尊贵的人，身为无能的人却不愿意追随贤能的人。

荀子又举出一个人必然会出现的三种穷困状况。第一是位居上位却不爱护百姓，身为下属却喜欢非议上级；第二是当面不这样做，背后又欺骗诽谤；第三是知识和行为都很浅薄，是非对错难以辨别，无法推举仁爱的人，对有智慧的人也无法明察。荀子认为，一个人如果出现这三种行为，让他担任上位必然危险，让他做平民百姓有可能遭到毁灭。

简单来说，一个人如果不肯做符合自己身份的事情，就会遭遇不祥与穷困。这就是荀子的吉凶观，而且没有一点宗教意味。

历久弥新说名句

俗语说"宽以待人，严以律己"，用宽容的态度来对待别人，用严格的态度来要求自己，这与"度己以绳，接人用抴"的道理不谋而合。《清史稿·姚鼐传》记述："鼐清约寡欲，接人极和蔼，无贵贱皆乐与尽欢。"姚鼐这个人清廉简约，物欲很少，与人交游非常和蔼可亲，不论是尊贵或卑下之人，都很喜欢与他结交。

唐朝韩愈在《原毁》一文中说："古之君子，其责己也重以周，其待人也轻以约；……今之君子则不然。其责人也详，其待己也廉。"古时候的君子处处严格地要求自己,对待别人则是宽厚、简约;如今的君子则是要求别人很周详,对待自己很疏略。这是韩愈对唐朝当代社会的观点。

宋朝朱熹说:"且看论语,如乡党等处,待人接物,千头万状,是多少般!圣人只是这一个道理做出去。"(《朱子语类·里仁篇》)朱熹推崇孔子在《论语》中,对小人物点点滴滴的往来送迎,有深刻的描绘、评论与指正,并借此传达自己的信念。圣人对于处理人际关系与事务,之所以非常看重,是因为它会影响整个社会的价值与观念。

公平者，职之衡也；中和者，听之绳也

名句的诞生

故公平者，职之衡[1]也；中和者，听之绳[2]也。其有法者以法行，无法者以类举[3]，听之尽也。偏党而无经[4]，听之辟[5]也。故有良法而乱者，有之矣；有君子而乱者，自古及今，未尝闻也。

——《王制篇》

完全读懂名句

1. 衡：衡量的标准。

2. 绳：准绳，指权衡事情的法度。

3. 以类举：由一个道理推衍至其他同类的道理，此指推究法律的精神。

4. 偏党而无经：有所偏私而不依循一定的道理。偏党：偏私。

5. 辟：通"僻"。邪辟，指不合正道。

语译：公平是听政的准则；中和是听政的准绳。有法律的依据法律来实行，没有法律的就要探究法律的精神，这是听政的最高道理。偏私而没有定法，这是最不当的听政方法。所以法律良好而政治混乱，这是有可能的；执政者有道德而政治混乱，从过去到现在，从来没有听说过。

名句的故事

鲁宣公二年，郑国派兵攻打宋国。宋国由华元担任主将来抵御郑国。出

战前一天，华元杀羊犒赏士兵，可是他自己的车夫连一点羊肉也没有分到。等到华元上了战场，他的车夫说："昨天分肉时，是由你做主；可是今天驾车时，是由我做主。"车夫不听命令，驾着华元的车，一直冲到敌营，华元因而被俘虏，而宋国也打了败仗。

为了一点羊肉就出卖主帅、背叛国家，华元的车夫做得是太过分了，可是当华元面对着四周满满的敌军，应该也没有心思去责骂车夫了。更何况，到了这时候，骂得再大声，又有什么用？

对于不公平的对待，仍能心平气和地接受，这是圣贤才有的道德修养。而所谓道德修养，是用来要求自己，而不是用来要求别人的。自己不公在先，还要求别人接受在后，这怎么说都不是一个优秀领导者应该有的处事方式。

公平是处事的基本原则，而要能够做到公平，就非得抱持着平和的心境不可。当汉文帝的马被路人所惊吓，险些出意外时，愤怒的他想到的不是法律的规定如何，而是自己差点丢掉性命。幸亏执法的张释之不受汉文帝左右，坚持依法判决，否则刀下就会多了一条枉送的性命。所以唐代的魏徵说："恩所加，则思无因喜以谬赏；罚所及，则思无因怒而滥刑。"推究这句话的意义，还是与荀子的"公平者，职之衡也；中和者，听之绳也"如出一辙。

历久弥新说名句

墨家领导者（矩子）腹䵍的儿子杀了人，依法应当判处死刑。当时的国君秦惠王因为同情他已经年纪很大了，又没有其他

083

的儿子，于是决定赦免他儿子的死罪。不过腹说："依照规定，杀人者死，伤人者刑。"断然拒绝秦惠王的赦免，杀了自己的儿子。

对于这件事，前人大多称赞腹的大义灭亲，偶尔也有人批评他的不近人情，不过，却没有人同情他的处境。自己的儿子杀了人，这是无法逃避的事实。杀人者死，这也是既定的法律。秦惠王不顾法律，想要为贤能的腹留下后代，他自以为是出于善意，不过腹没有接受秦惠王的善意。诚如张释之所说："法者，天子所与天下公共也。""一倾而天下用法皆为轻重，民安所措其手足？"今天他的儿子只因为父亲的贤能，就能够不受法律的制裁，他日，别人难道不会因为其他什么特殊的缘故，而不去理会法律？一旦如此，国家社会岂有不乱的道理？

所以腹必须亲自执行儿子的死刑，唯有如此，才能告诉世人，法律就是法律，不能因为对象不同，而有不同的标准。他并不是牺牲儿子来成全自己的美名。当他的儿子犯法杀人时，就已经注定要被判处死刑的命运了。

秦惠王或许出于好意，而想赦免腹的儿子，不过他那藐视法律的做法，却是不正确的。而且，为了他那自以为是的好意，逼得腹只能亲手杀了自己的独生子以建立法的尊严，这对一个坚守道德的年老父亲而言，又是何等残忍的事。哀哉！腹！

名句的诞生

以类行杂[1]，以一行万[2]；始则终，终则始，若
环之无端也，舍[3]是[4]而天下以衰矣。

——《王制篇》

完全读懂名句

1. 以类行杂：以其统类可以察知杂博。类：统
   类。行：察知。杂：杂博。

2. 以一行万：用一个道理可以察知万物。

3. 舍：舍弃。

4. 是：此，指终始的道理。

语译：用统类的归属可以察知杂博的事物，
用一个最高的道理可以察知万物的变化。开始
就是结束，结束就是开始，好像圆环一样没有
开端，舍弃掉这个道理，天下就会衰亡了。

名句的故事

有一回，孔子对他的学生子贡说：
"你认为我是多方学习而加以记忆的
吗？"子贡不清楚孔子话中的含意，
回答说："是啊！难道不是这样的吗？"
孔子说："不是，我是以一个道理来贯
串会通所有的道理。"

又有一回，孔子对他的学生曾子
说："曾参啊！我的道统是用一个道理

以类行杂，以一行万

来贯串会通所有的道理（吾道一以贯之）。"曾子很恭敬地回答说："是的！"曾子回答得如此自然，以至于其他学生怀疑曾子是不是真的懂孔子在说什么。于是等到孔子上完课后，他们私下请问曾子："刚才老师所说的是什么意思？"曾子回答："老师所说的道理，不过就是'忠''恕'两个字而已。"

"忠"就是坚守本分，"恕"就是善待他人。曾子毕竟是个老实人，用了两个字才能概括老师的意思，不过这两个字确是二而一，一而二的。

曾子所说的，到底是不是孔子的本意，我们可以从《论语》记载的另一个故事来找出答案。

子贡问孔子："有没有任何一个字可以让人一辈子受用的？"孔子心想："真不愧是会做生意的子贡，一个字就要受用一辈子，投资报酬率可真高啊！"不过孔子也不是省油的灯，他立刻回答："大概就是'恕'吧！你不希望别人怎么对待你，你就不要那样去对待别人（己所不欲，勿施于人）。"孔子的话，直透一切道德观念的根源，真能掌握"恕"这个字，其他琐碎的细节，反而都是次要的了。

自孔子以来，儒家的传人似乎都偏爱将自己的学说"一以贯之"，无论是孟子的"义"，荀子的"礼"，乃至宋儒的"理"，明儒的"心"，无一不具这种倾向。天下诸般道理，都如百川入海，殊途而同归。世事瞬间千变，掌握了最关键的道理，才足以应付人间万事。荀子说"以类行杂，以一行万"，道尽了个中的道理。

历久弥新说名句

《易经》上说："易有太极，是生两仪，两仪生四象，四象生八卦。"由"一"太极，化为"二"阴阳，而后为"四"象、"八"卦，乃至"万"物，这是古人所建立的宇宙生成图像。姑且不论这套理论是否真实，但古人确实用这套理论来理解万事万物，无论是先秦的阴阳家、汉代的儒家、宋代的理学家，甚至传统的中医、武术、命相等，无不如此。

这套理论的优点在于能够让人了解不同事物间互相依存、消长和转化的关系。举例来说，天气燥热属阳，就该吃些性寒属阴的东西，如西瓜，这样才能够使阴阳协调。

不过这套理论也经常有失准误用的地方。举例来说，从前认为君为阳为尊，臣为阴为卑，所以"君要臣死，臣不得不死"。男为阳为尊，女为阴为卑，所以男人可以三妻四妾，女人必须从一而终。除去尊卑观念不论，人们也大多认为男性属阳，应该刚强一些，女性属阴，应该柔顺一些，如若不然，就认为这是阴阳颠倒，这是性别错乱，不合乎男刚女柔的人就是反常。

其实，阴阳理论来自对宇宙现象的观察与归纳，用这套理论来理解宇宙现象是可以的，但是遇到现象与理论不合的情形时，应该检讨的是理论本身而不是现象。明白这个道理，才不会犯偏执的毛病。以偏概全固然不对，以全概偏又岂是当然？常言道："天下乌鸦一般黑。"不过，当人们发现了白色的乌鸦时，也该用开放的胸襟去接纳它。同样地，人们也该接纳那些在外表或行为上，与其他人不尽相同的人，因为宇宙间永远有各种可能，人世间也该如此。

国者，天下之制利用也；人主者，天下之利势也

名句的诞生

国者，天下之制利用也[1]；人主者，天下之利势[2]也。得道以持之，则大安也，大荣也，积美[3]之源也；不得道以持之，则大危也，大累也，有之不如无之。及其綦[4]也，索为匹夫不可得也，齐湣、宋献[5]是也。

——《王霸篇》

完全读懂名句

1. 国者，天下之制利用也：意指国家掌握世间最多的资源。据杨倞《注》："'制'字衍。"

2. 人主者，天下之利势也：君主掌握世间最高的权势。势：权势。

3. 积美：积聚美善。

4. 綦：极，音"qí"。

5. 齐湣：齐湣王为淖齿所杀。宋献：《吕氏春秋》说是宋康王，即宋君偃，为齐湣王所灭。

语译：国家掌握世间最多的资源，君主掌握世间最高的权势。以正道而加以持守，可以得到大安定、大荣耀，是积聚美善的根源。不以正道加以持守，就会遭到大危险、大害累，有它还不如没有。等到最危困的时候，就连想做个一般人也没办法，像齐湣王、宋君偃就是。

名句的故事

齐湣王贪婪骄横，倚仗国力强盛，

无故侵犯邻国，终于引来燕、赵、秦、韩、魏等五国联军的攻击。齐愍王仓皇逃到卫国。他在卫国的日子原本过得还不错，但因为态度骄纵，引起卫国人的不满，逼得齐愍王再次出逃，但邹国、鲁国都不愿接纳他，最后逃回齐国莒县。他向楚国求救，前来的楚将淖齿意图和燕国瓜分齐国的土地，所以虐杀了齐愍王，死状甚惨。

宋君偃残暴自大，曾经把血装在皮革做成的袋子里，悬挂起来，用箭去射它，夸称为"射天"。因出兵攻打齐国、楚国、魏国等地，而和各国诸侯结下梁子；又因奴役全国百姓，被世人称为"桀宋"，意指他的行事作风像夏朝的暴君——桀。后来，齐愍王与魏国、楚国联手消灭了宋君偃，并瓜分了宋国的土地。

荀子看到齐愍王、宋君偃这些人掌握国家的资源，拥有君主的权势，却仍然不满足。非但不好好经营国家，反而一意扩充领土，终于招致祸端。他们在面临死亡时，恐怕心里想的就是荀子所说的"有之不如无之""索为匹夫不可得也"。相反地，尧、舜等贤君，妥善运用国家资源，为人民谋福利，令后世传颂不绝，所以国家之用、君主之势，可以"大安""大荣"，也可能"大危""大累"，端看是否能持守正道。

历久弥新说名句

清朝的黄宗羲写过一篇文章《原君》，旨在讨论君主制度的源起。他说："有人者出，不以一己之利为利，而使天下受其利，不以一己之害为害，而使天下释其害。"意指国君本当以为天下兴利除害为己任。后来的国君反而以"天下之利尽归于己，以天下之害尽归于人"，不仅不能兴利除害，反而以天下之大害，成就一人之大利。

事实上，君主应是国家资源的分配者，而非国家资源的拥有者。君主应放下个人私利的考虑，而谋求国家资源的合理分配及有效利用。诚如孙中山先生所说"人能尽其才，地能尽其利，物能尽其用，货能畅其流"，否则人民只需"日出而作，日入而息"，又何必拥立君主来剥夺他们的资源？可惜世人见不及此，一旦成为国君，就以为自己是国家的主人，以为国家的资源都应该为己所用。一味压榨百姓，以供个人享乐，最终使忍无可忍的百姓起而反抗。纵使百姓愿意忍受国君的剥削，也难免会引起有心人士眼红，进而夺取其权位。无论是哪一种情况，或报在自身，或报在子孙，几乎都逃不过身死族灭的下场。

在民主社会中，国家资源的分配已经法制化，而统治者的轮替也已是常态，不过把国家资源当成个人财产的统治者，还是屡见不鲜。很多时候，统治者的轮替只是换个不同的压榨者而已。这是因为面对庞大的国家资源，单靠统治者的个人操守是不可信的，只有确立司法的独立性，使其成为监督统治者的力量，才能使统治者不敢再为非作歹，也才能使人民得到最大的利益。

名句的诞生

无国而不有治法，无国而不有乱法；无国而不有贤士，无国而不有罢士[1]；无国而不有愿民[2]，无国而不有悍民[3]；无国而不有美俗，无国而不有恶俗。两者并行而国在，上偏[4]而国安，在下偏而国危；上一而王，下一而亡。

——《王霸篇》

完全读懂名句

1. 罢士：道德低下的士人。

2. 愿民：恭谨的人民。

3. 悍民：蛮横的人民。

4. 上偏：偏重上等，即治法、贤士、愿民、美俗等。下偏则是乱法、罢士、悍民、恶俗等。

语译：没有一个国家完全没有合于事理的法律制度，也没有一个国家完全没有悖乱事理的法律制度；没有一个国家完全没有才能杰出的士人，也没有一个国家完全没有道德低下的士人；没有一个国家完全没有恭谨的人民，也没有一个国家完全没有蛮横的人民；没有一个国家完全没有好的风俗习惯，也没有一个国家完全没有不好的风俗习惯。好坏两类并行的国家可以存在，偏重上等的国家可以安定，偏行下等国家就会危殆；完全是上等的国家可以称王，完全是下等的国家就会灭亡。

无国而不有美俗，无国而不有恶俗

名句的故事

以活人殉葬被视为野蛮的行为，但在号称文明已开的春秋战国时代仍有这类事情发生。近年出土的战国曾侯乙墓就发现多名殉葬的少女，年龄大约是在十三岁到二十五岁之间，除此之外，连小狗也成了殉葬的牺牲品。

曾侯乙并不是特例，春秋时，秦穆公死后也曾以一百七十七个活人殉葬。其中还包括了三个贤良的臣子——车奄息、车仲行、车针虎。车奄息、车仲行、车针虎是百里孟明所推荐的贤士，人称"车家三良"。秦穆公生前和三位贤士共饮，酒酣耳热之际，秦穆公说："生共此乐，死共此哀。"意思是彼此生死与共。三人原以为这不过是秦穆公真情的流露，也就答应了他。没想到秦穆公一死，他的后人竟要三人兑现这个诺言，一同殉葬。据见到这次事件的人描述，当时的情形是"临其穴，惴惴其栗"，尽管三人吓得浑身发抖，仍被残忍地丢入墓穴中。

历史上不曾记载曾侯乙的生平，以活人殉葬一事，或许也没有引起太大的波澜。不过秦穆公以活人殉葬一事，却引发国人的愤慨。他们作了《黄鸟》一诗，哀悼三位惨死的贤士，并批判秦王的残暴。他们说："彼苍者天，歼我良人；如可赎兮，人百其身！"意思是，上天啊，为什么把这么善良的人给殉葬了？如果可以赎命，我们宁愿出一百条命将他们换回来！由此可见，秦国人并不认同此种做法。换言之，秦国国君虽然为恶，却未因此而成"恶俗"。可以肯定的是，所有的秦国国君若是全部学习这种以贤士殉葬的做法，秦国绝不可能有日后的富强。

历久弥新说名句

　　《左传》里说："国之大事，在祀与戎。"庄子也说："死生亦大矣！"国人一向把死亡看成大事，因此相当重视丧葬的礼制。曾子说："慎终追远，民德归厚矣！"重视丧葬的礼制，源于对先人恩德的感念，代表着不忘本的精神，所以有其正面的意义。

　　活人殉葬或许源自葬礼中的"陪葬"风俗。人们相信死后有另一个世界，于是把各种器物放入墓室中，以供死者在另一个世界使用。不过人们认为死者在另一个世界也需要有人服侍，于是把"俑"或"活人"也当作陪葬品。"俑"是一种木制或陶制的人形塑像。在握有权力者的眼中，"俑"只是"人"的"代替品"，而"代替品"终究不如"真品"。因此，即使"俑"可以随葬，但还是不时有活人殉葬的情形发生。例如明成祖朱棣死时，便挑了三十多名后宫嫔妃殉葬。尽管这些年轻女孩万般哭求，但还是被继位的明仁宗朱高炽活活吊死，扔进朱棣埋骨的"定陵"中。

　　孔子曾说："始作俑者，其无后乎！"诅咒第一个发明"俑"的人将没有后代。仁圣的孔子很少以这么激烈的言语批评他人，但他知道，只要有"俑"，就一定会有活人殉葬的事发生，因为握有权力者往往会用他人的死亡，来展现自己足以支配生死的最高权力。孔子就是看到这一点，于是大加挞伐，并以强烈的诅咒希望这类事情不要再发生。

　　人们因为不甘白白死去，而试图从人世带走支配物品乃至生命的权力，于是有了陪葬的风俗。然而，生命的价值不在于

"带走"什么，而在于"留下"什么。许多君王以大量珠宝陪葬，因而成了盗墓者觊觎的对象。相反地，有些艺术家及收藏家死前捐出大量的艺术品，反而使他们的名声永垂不朽，他们才真正是"虽死犹生"。

名句的诞生

故古之人为之不然，其取人有道，其用人有法。取人之道，参之以礼；用人之法，禁之以等[1]。行义动静[2]，度之以礼；知虑取舍，稽之以成[3]；日月积久，校之以功[4]。故卑不得以临尊，轻不得以县重[5]，愚不得以谋知，是以万举不过[6]也。

——《君道篇》

完全读懂名句

1. 禁之以等：用等级来加以限制。

2. 行义动静：指一切举动。义：通"仪"。

3. 稽之以成：用成果来加以稽查。

4. 校之以功：用功效来加以考核。

5. 卑不得以临尊，轻不得以县重：卑贱的人无法凌驾尊贵的人，轻的东西不能悬系重的东西。

6. 万举：诸多措施。

语译：古人却不如此，他们选取人才会依循道理，任用人才会遵守法度。选取人才的道理，是用礼法来加以参验；任用人才的方法，是用等级来加以限制。一切举止行动，都用礼制来加以规范；一切智虑取舍，都用成效来加以稽查；累积时日，用功效来加以考核。所以卑贱的人无法凌驾尊贵的人，轻的东西不能悬系重的东西，愚笨的人不能代替聪敏的人出谋划策，所以诸多措施都不会有失误。

取人之道，参之以礼；用人之法，禁之以等

名句的故事

许多统治者知道任用贤才，甚至愿意把治理国家的重责大任交给心中的贤才，但结果却是身死国亡。燕王哙就是一例。

燕王哙任用子之为燕国丞相，因为子之做事果断，又善于监督部属，所以得到燕王的赏识。但子之仍感不足，一心想要篡夺王位。燕王哙即位后第三年，子之派人告诉燕王说："从前尧帝把天下让给贤人许由，许由不肯接受。尧帝并未失去王位，但是却享有让贤的美名。现在的丞相子之也是贤人，您若是把王位让给他，他一定不会接受。如此一来，您不是也能够像尧帝一样享有美名吗？"燕王听信了这些话，于是就宣布把王位让给子之。没想到子之竟然厚着脸皮接受了，燕王就这么糊里糊涂地失掉了王位。太子姬平对此大感不满，发动政变，兵败被杀。燕国的内乱削弱了国力，也引来齐国的大举进攻，燕王哙和子之被杀。同时，中山国也趁机占领燕国的部分领土。幸亏燕国军民奋力抵抗，再加上其他诸侯国的干涉，燕国才不致灭亡。

子之确实是个有能力的人才，而燕王哙也确实能够重用他，不过燕国并未因此富强，反而发生了动乱。这不仅是因为燕王哙未能确实考核子之的品行，也是因为他不能依照礼制而违背常情以求取名声。如果燕王能够了解荀子"取人之道，参之以礼；用人之法，禁之以等"的道理，相信就不会犯下天大的错误了。

历久弥新说名句

选拔人才是门学问。才德兼备的大贤人毕竟是少数，更常见的是才高德薄的"能人"，或是德高才薄的"好人"。德高才薄的人成不了大事，所以许多人不喜欢"好人"，而喜欢"能人"。

三国时的曹操在掌握大权之后，深感人才不足，于是在建安十五年、十九年、二十二年分别颁布了三次《求贤令》，强调自己任用人才的标准是依个人的能力而非个人的操守。他列举了许多道德不佳却对国家有极大贡献的人，来佐证自己的论点，例如奢侈的管仲、和嫂子通奸的陈平、不守信用的苏秦等。

颁布《求贤令》以后，曹操确实招揽了不少人才，他曾列举手下能人："荀彧、荀攸、郭嘉、程昱，机深智远，虽萧何、陈平不及也。张辽、许褚、李典、乐进，勇不可当，虽岑彭、马武不及也。吕虔、满宠为从事，于禁、徐晃为先锋；夏侯惇天下奇才，曹子孝世间福将。"

曹操的能人名单里并未提到司马懿，但司马懿却是曹操手下能力最强的。他的才智不仅能与蜀汉的诸葛亮抗衡，甚至胜过整个曹氏家族，所以到最后司马氏取代了曹氏，吞并了整个曹家天下。

曹操那不计操守、只问才能的做法造成的结果，不只是丢掉了曹家的江山，更败坏了后世的社会风气。残暴、淫乱等事件层出不穷，充斥在魏晋南北朝三百多年的历史之中，受害的人不计其数。

"能人"的能力固然可以成大事，但也可以成大恶，反不如"好人"一切依法制行事，尚能维持相当程度的秩序。荀子说："取人之道，参之以礼。"合礼的不见得是"能人"，但往往是"好人"。从这句话里可以看出荀子的用人哲学。

通忠之顺，权险之平，祸乱之从声

通忠之顺，权险之平，祸乱之从声，三者非明主莫之能知也。

——《臣道篇》

完全读懂名句

语译：实践忠诚，而达到顺从事理；衡量险阻，而达到如履坦途；祸乱国家，而达到声势浩大；这三者，不是明主就不可能晓得。

名句的故事

荀子从另一个角度提出四个为臣之道。一是"谏"，即规劝，如商朝的伊尹、箕子；二是"争"，即力争，如比干、伍子胥对纣王的诤言；三是"辅"，即辅佐，如平原君辅佐赵惠文王和赵孝成王；四是"拂"，即矫正，如信陵君矫正自己的哥哥魏安厘王的过失。谏、争、辅、拂四类的臣属，是国家的重臣、君王的宝物，是圣明的君王所尊崇与厚待的。因为这四类的臣属是秉持"遵从道义，不遵从君上"的道理行事。

就臣子而言，事奉圣明的君王，

只有听从，没有争辩；事奉中等的君王，要能规劝，不可阿谀谄媚；事奉暴戾的君王，要能补足其削夺之处，却不要去纠正他。因此"顺从"是作为一个臣子很重要的人格特质。

荀子又认为，恭敬而不顺从者，这种人没有忠诚可言；忠诚却不顺从者，这种人无法为国建功；有功勋却不顺从者，这种人必定缺少德行。所以"忠诚"是臣子另一个重要的人格特质。

忠诚亦可分为四种："大忠"就是让君王实施德政，例如周公之于周成王；"次忠"就是用道德辅佐君王，例如管仲之于齐桓公；"下忠"就是用诤言来鼓励君王，例如伍子胥之于夫差；"国贼"就是树党营私、不顾君王荣辱与国家安危，例如曹触龙之于纣王。可见"忠诚""顺从"是用来化解治理国家的阻碍。

历久弥新说名句

西汉刘向在其《说苑》中对触龙有另一个记载，指触龙是夏桀的宠臣，为人"谄谀不止"。有次，鲁哀公问孔子："听说以前有个健忘的人，搬家时竟忘了自己的妻子，有这么一件事情吗？"孔子回答道："这不算什么，最健忘的人是连自己都给忘记了。从前夏朝的最后一个国君名叫桀，整天沉溺于酒色中，不理国家大事。夏桀的身边有个佞臣叫作触龙，只会逢迎谄媚，不知劝谏君王。所以夏桀最后被杀死时，触龙也被处死。触龙才是最健忘的人，连自己都忘记了。"鲁哀公听完后，一时间满脸通红。刘向借孔子讲故事，触龙这个"国贼"的角色更加鲜明了。

我们再看另一个被喻为中国历史上第一个因直言极谏而死的名臣，就是夏桀的大臣关龙逢。大多数对关龙逢的记载，都是指他因为规谏夏桀而死，记载稍多一点说法的是《尚书》："关龙逢引皇图而谏，桀杀之。"

所谓的"皇图"是夏桀刚即位时，有满腔励精图治的热血，请人画出历代圣明君主的图像，用来勉励自己。创建夏朝的是大禹的儿子启，也就是夏朝的第一任皇帝，传到桀，是夏朝第十七任君王。也就是说，夏桀登基前，国家已经有好几百年稳固的基础，在政权稳定之下，夏桀也逐渐怠于吏治，沉溺于酒色。

关龙逢是夏朝大臣，对夏桀的荒唐行径，实在看不下去。因此，他捧着画有夏朝历代明君的"皇图"，向夏桀进谏。对暴君进谏，根本就是玩火，关龙逢果真就被夏桀给杀掉了。

名句的诞生

孝成王[1]、临武君[2]曰："善！请问为将？"孙卿子曰："知莫大乎弃疑，行莫大乎无过，事莫大乎无悔。事至无悔而止矣，成不可必也。"

——《议兵篇》

完全读懂名句

1. 孝成王：赵简子十世孙，惠文王之子，名丹。在位二十一年。

2. 临武君：楚将，不知其名。

语译：孝成王和临武君说："很好！请问为将的道理？"孙卿子说："智慧最重要在于抛弃疑惑，行为最重要在于没有过错，事情最重要在于没有悔恨。事情能做到没有悔恨就是最好的了，至于成功，倒是不一定可以得到的。"

名句的故事

怎么样才算是好的将军，荀子认为不一定要打胜仗才是好将军，好的将军要做到六术、五权、三至，还要能够恭敬而不懈怠，这就是所谓的将才了。

什么是六术？发布号令要严明而有威严，施行赏罚要分明而公正，营地财务要周全而坚固，进军退兵要安

知莫大乎弃疑，行莫大乎无过，事莫大乎无悔

稳而快速，窥伺敌情要清晰而深入，发动决战时要坚定而不疑惑。

什么是五权？将领不要为了想要权位而厌恶被罢黜，不要为了急于求胜而忘了失败的可能，不要对内严厉而对外轻慢，不要只见其利不见其害，处理事情要精细而用度要宽裕。

什么是三至？不处于不稳固的地位，不攻击不能得胜的敌人，不欺诈百姓——这是三种宁死也要坚守的至道。

什么是恭敬而不懈怠？在用计时要谨慎，在做事时要谨慎，在用人时要谨慎，在莅众时要谨慎，在对敌时要谨慎。

荀子提出的将领条件中并没有"每战必胜"这一项。因为战场瞬息万变，就算是最高明的将领往往也不敢保证战事的胜利。世人常说："知己知彼，百战百胜。"其实《孙子兵法》里的原文是："知己知彼，百战不殆。""不殆"只是不致陷入危险而已，并不一定是胜利。善于作战的将领除了要懂得进攻的道理，也要懂得撤退的方法，唯有如此，才能做到荀子"事至无悔而止"的境界。

历久弥新说名句

荀子说："知莫大乎弃疑。"抛弃疑惑并不是对可能发生的难题视而不见，而是在详细分析敌我军情后的必然结果。孙子说："善战者，先立于不败之地，而不失敌之败也。"又说："胜兵先胜，而后求战。"既然己方已经先立于不败之地了，又有什么好疑惑的呢？

从前汉高祖刘邦要攻打魏国，先问魏国的大将是谁。听说是柏直，他笑说："他只是个乳臭未干的小子罢了，怎么能够抵挡我军的大将韩信呢？"又问骑将是谁。听说是冯敬，他想了一想，说："他虽然还算贤能，但是不能抵挡我军的灌婴。"又问步将是谁。听说是项它，他说："他抵挡不了我军的曹参。"经此分析，刘邦已知己方必胜，于是一举击败魏国，生擒魏王豹。

虽有疑惑，而仍然坚持出兵的情况不是没有，且往往会落得比战败更惨的下场，像美国打越战时就是如此。

美国前白宫国家安全顾问基辛格曾经评论越战："美国于越战自始至终没有清楚地界定自己的目的，也没有确定该用何种手段达到目的。"之所以如此，是因为美国连宣战的对象都不肯定。

美国以遏止共党势力在全球扩张为借口，进军越南，以协助南越军在十七度线以南地区剿共。但美国表明了不愿摧毁北越政权的立场，所以并未向北越宣战。又不承认南越的共党组织与军队，所以也不能算是向南越的越共宣战。甚至为了防止核大战的发生，美国也尽量避免激怒中共及苏联。越战就在不知敌人是谁的情况下开打了，其实越南本来也不欢迎美军。

在这场战争里，美国军方总共投入九百万以上的人力，耗费美国政府两千五百亿美元以上的金钱，美军与盟军共有五万八千多人丧生。越战加剧了美国国内的种族问题、民权问题，使国家处于极度的分裂状态，使人民心里的伤口久久不能愈合。荀子说："事莫大于无悔。"对参与越战的美军而言，则是："过莫大于悔之已晚。"

人之命在天，国之命在礼

名句的诞生

彼国者亦有砥厉[1]，礼义节奏是也。故人之命在天，国之命在礼。人君者，隆礼尊贤而王，重法爱民而霸，好利多诈而危，权谋倾覆幽险[2]而亡。

——《强国篇》

完全读懂名句

1. 砥厉：砥、砺，都指磨刀石。厉：通"砺"。
2. 幽险：阴险难测。

语译：一个国家也要有磨刀石一样的东西，那就是礼义的规律。个人的寿命在于自然，国家的寿命在于礼义。君主能够尊崇礼义、尊重贤人就能称王，重视法制、爱惜人民就能称霸，爱好利益、多行诈术就会危险，好用权谋、阴险难测的就会倾覆灭亡。

名句的故事

儒家是重视"礼"的学派，尤以荀子为最。荀子论礼，不只是日常生活上的种种规范，举凡治理国家、修养身心等，无一不包括在礼的意义中。简单来说，礼就是一切准则的统称。

"礼"的作用有三：一是分辨，二是供应，三是节制。

虽说人人生而平等，但非生而相同。按照每个人的才能与特性，把不同的人安排在适当的位置，才能让每个人都发挥所长。分辨每个人的不同，这是礼的第一个作用。

人人都有需求，但世间资源有限，合理的分配才能使众人的需求得到满足，而不会流于争夺。同时，把较多的资源分配给那些对社会有贡献的人，也足以提供社会进步的动力。供应每个人的需求，这是礼的第二个作用。

人有七情六欲，适当地抒发，这是人之常情，但是过度就会招致灾祸。如周人皋鱼丧母，因过度哀痛而死。其情可悯，其事不可学。丧礼的存在可抒发人心的悲伤而不致过度。节制每个人的情感或欲望，这是礼的第三个作用。

仪节本身不是礼的全部。仪节是为了让礼的作用得到充分的发挥。少了分辨的作用，道德就无法实践；少了供应的作用，经济就无法发展；少了节制的作用，秩序就无法建立。所以礼的作用得不到发挥，国家就会危殆，甚至灭亡，所以荀子说："国之命在礼。"

历久弥新说名句

人们往往将不可知的命运归之于天，称为"天命"。对于天，古代的学者有两类看法。第一类看法认为天是有意志的，可以施行赏罚的，如《尚书》说"皇天无亲，惟德是辅"，孔子也说"获罪于天，无所祷也"，这类论点都把天看成是有意志的。第二类看法认为天是没有意志的，人的吉凶并非来自天的赏罚，荀子抱持的就是这种看法。

荀子说："天能生物，不能辨物也；地能载人，不能治人也。"天地会提供人们生活之所需，但不会因为人们的作为而降下祸福。

不过，荀子又说："人之命在天。"这种看法并不会和前一种看法产生矛盾，因为天地固然不会因为人们的作为而降下祸福，但是人们的作为是否顺应天地，却是祸福吉凶的关键。

冬天播种，是逆天行事，再怎么样也不会有好的收成，顺天的话，就应该"春耕夏耘秋收冬藏"。

齐国有一个姓国的富商，他曾经说过他的致富之道在于"吾善为盗"。他盗的是天时与地利，所以能够创造财富。在荀子的学说里，这就叫作"制天命而用之"。

荀子说："大天而思之，孰与物畜而制之；从天而颂之，孰与制天命而用之。"意思是说，与其歌颂上天的伟大，倒不如去思考如何运用上天所赋予的资源。反过来说，遭遇逆境时，也无须埋怨上天，只须思考如何从逆境中突围而出。

明白了"人之命在天"的道理，就可以更加明了"国之命在礼"的意义。个人的命运在于制天用天是否得宜，国家的命运则在于制礼用礼是否恰当。礼包含了法。当国家恶法林立，而举国上下都把礼法视如无物，国家的命运岂不是很危险吗？

名句的诞生

天不为人之恶寒也辍冬，地不为人之恶辽远也辍广，君子不为小人匈匈[1]也辍行。天有常道矣，地有常数[2]矣，君子有常体[3]矣。君子道[4]其常，而小人计其功。《诗》曰："礼义之不愆兮，何恤人之言兮。"[5]此之谓也。

——《天论篇》

完全读懂名句

1. 匈匈：喧扰、喧哗的声音。也作"讻讻"。

2. 常数：不变的法则。

3. 常体：不变的准则。通常指行为而言。

4. 道：遵从。

5. 礼义之不愆兮，何恤人之言兮：所引为《诗经》的逸诗。意谓在礼义上没有差失，就不必畏人之言。

语译：天不因为人厌恶寒冷就废止冬天，地不因为人厌恶辽远就废止广大，君子不因为小人喧扰不休就停止行事。天有它不变的运行，地有它不变的法则，君子有他不变的行为准则。君子遵从不变的行为准则，而小人则计较一时的功利。《诗经》云："在礼义上没有差失，何必在乎别人说什么呢？"说的就是这个道理。

名句的故事

孔子曾经盛赞弟子颜回说："贤哉回也！一箪食，一瓢饮，在陋巷，人不堪其忧，回也不改其乐。贤哉回也！"（《论语·雍也》）孔子认为颜回虽然居住在陋巷里，生活清苦，可是仍然不改变行事的原则，乐在其中，志节十分高尚，与孔子"饭疏食，饮水，曲肱而枕之，乐亦在其中矣。不义而富且贵，于我如浮云"（《论语·述而》）的处世原则相合，因此格外受到孔子的欣赏。孔子认为："富与贵，是人之所欲也，不以其道得之，不处也。贫与贱，是人之所恶也，不以其道得之，不去也。君子去仁，恶乎成名？君子无终食之间违仁，造次必于是，颠沛必于是。"（《论语·里仁》）可见君子行事秉持不变的原则，绝不因外在环境而有所改变；但小人则不同，小人所计较的是个人的利害得失、祸福存亡，故孔子说："君子怀德，小人怀土。君子怀刑，小人怀惠。"（《论语·里仁》）因为君子想着的是如何增进道德、遵行法度，而小人想着的却是如何置产、获利，因此君子总是坦荡荡，而小人却是惶忧不安。

东晋陶渊明虽然几度因为亲老家贫而先后出任州祭酒、镇军参军、建威参军等小官，不过，最后都因与志趣不合而辞官。东晋安帝义熙元年（公元四〇五年），陶渊明再次因为家贫，而出任彭泽县令，有一次，郡太守派了一名督邮到彭泽县督察，这名督邮品位虽低，却有些权势，为人粗俗而又傲慢，当他抵达彭泽县时，便命县吏去叫县令陶渊明来见他，陶渊明正要动身时，县吏却又说："参见督邮要穿官服，并且束上大带，不然有失体统。"陶渊明听了，叹声说道："我不能为五斗米折腰，拳拳事乡里小人。"说罢毅然辞官，仅在职八十多日，此后二十多年隐居山林，躬耕田园，即使贫病交迫，也不曾再出仕为官了。

历久弥新说名句

楚国令尹孙叔敖，年少时外出游玩，碰见了两头蛇，就把它打死并掩埋。回家后看到母亲便哭了起来，母亲问他哭泣的原因，他回答说："传说两头蛇是不祥之物，人见到它便会死于非命。我今天游玩时不巧见到了它。"他母亲问："现在蛇在哪里？"他回答道："我恐怕别人再碰见这个不祥之物，与我遭遇相同的不幸，所以将它杀死并埋葬了。"他母亲听了就安慰他："你不会死的，因为积阴德的人一定会得到善报的。德行可以战胜不祥，仁义可以免除百祸，《尚书》里说：'上天对人无亲疏可言，唯对有德行的人才加以辅助。'你不用担心，将来你一定会振兴楚国的。"（《列女传·卷三·仁智传》）

人对天象茫昧无知时，总是心存畏敬，尤其在信巫的年代里，更是凡事必占必卜于神祇。年幼的孙叔敖遇见不祥的两头蛇，以为必死无疑，可见民间传说深入民心，影响巨大，幸好孙叔敖的母亲十分明理，不但安慰了他，同时也鼓励了他的善行。

齐景公三十二年，有彗星出现。景公坐在柏寝台上，叹息道："有彗星出现，必定会有国家灭亡。我恐怕德薄，不能久享齐国呀！"群臣听了，都哀伤得哭了起来，只有晏子笑了，景公非常生气。晏子说："我是笑大家未免太过阿谀奉承了。"景公说："彗星在天空的东北方出现，那正是齐国的地方，我很担心这件事啊！"晏子说："您身居高台深池内，只要不加重赋税，刑罚就不会降临。彗星又有什么好害怕的呢？"景公问："能通过祈祷来消除灾祸吗？"晏子回答："如果祈祷可以把神招来，那么祈祷当然也可以把神赶走。心怀怨恨的百姓数以万计，就凭您一个人的祈祷，怎么能胜过那么多人的诅咒呢？"当时，景公喜好修建宫殿，声色犬马，生活极其奢侈，而对百姓则是赋税繁重、刑法苛刻，因此晏子就利用这件事来劝谏景公。(《史记·卷三十二·齐太公世家》)

　　彗星出现，齐景公担心国祚不久，已是十分不智；而群臣的一致附和，更是愚不可及。然而晏子一句"彗星又有什么好害怕的"，是不是真能点醒齐景公，让他明白"天有常道，地有常数"的道理呢？其实是不能的，因为齐景公还以为通过祭祀祈祷就可以消除灾祸，最后晏子只好顺着齐景公的心思，借机进行劝谏，为百姓请命了。

名句的诞生

在天者莫明于日月，在地者莫明于水火，在物者莫明于珠玉，在人者莫明于礼义。故日月不高，则光晖[1]不赫[2]；水火不积，则晖润不博；珠玉不睹[3]乎外，则王公不以为宝；礼义不加于国家，则功名不白[4]。故人之命在天，国之命在礼。君人者，隆礼尊贤而王[5]，重法爱民而霸，好利多诈而危，权谋倾覆[6]幽险[7]而尽亡矣。

——《天论篇》

完全读懂名句

1. 晖：明也，光彩照耀，同"辉"。

2. 赫：火红的样子。

3. 睹：见、视。

4. 白：彰显。

5. 王：音"wàng"，成就王业。

6. 倾覆：偏斜反覆，有失公心。

7. 幽险：深沉难测。

语译：在天上的没有比日月更光明的，在地上的没有比水火更光明的，事物没有比珠玉更光明的，而人没有比遵守礼义更光明的。所以，日月如果不高悬，光辉就不明亮；水火如果不蕴积，光辉润泽就不够博大；珠玉如果不显著于外，王公就不以为宝贵；国家如果没有礼义，功业名声就不彰显。因此，人的寿命在于自然的天命，国家的寿命则在礼义是否

在物者莫明于珠玉，在人者莫明于礼义

奉行。身为国君，只要能够尊崇礼义、敬重贤人，就可以成就王业；重视法制、爱护人民，就可以完成霸业；如果喜好利益、多行狡诈就会危险；权谋偏斜反覆，深沉难测，就会灭亡。

名句的故事

楚国人和氏在楚山中找到一块璞玉，将它奉献给楚厉王，厉王命雕琢玉石的工匠来鉴定，玉匠却说："这是一块石头。"厉王认为和氏欺骗自己，便判他刖（yuè）刑，将他的左脚砍断。等到厉王去世，武王继位后，和氏又将那块璞玉献给武王，武王命玉匠鉴定，玉匠又说："只是一块石头。"武王也认为和氏欺骗，仍判处刖刑，命人将他的右脚砍断。武王去世，文王继位后，和氏抱着那块璞玉在楚山下痛哭，哭了三天三夜，眼泪流完了，接着流出血来。文王知道了以后，派人问他说："天下被判处刖刑而砍断脚的人很多，你为什么哭得那么悲伤呢？"和氏回答："我不是因为脚被砍断而悲伤，是因为宝玉被看成石头而悲伤。诚信的君子却被说成是骗子，这是我悲伤痛哭的缘故呀！"文王于是命玉匠凿开璞玉，果然是一块美玉，经过细心雕琢后，就取名为"和氏之璧"。（《韩非子·卷四·和氏》）

和氏发现璞玉，却被当成普通的石头，一再受到严厉的处罚，所受的冤屈实在很大；然而明明是块美玉，只因未经雕琢，世人就不知道它的价值，果然"珠玉不睹乎外，则王公不以为宝"，可见世上真正具有价值的事物，往往不是世俗眼光可以评断的。

历久弥新说名句

荀子说"国之命在礼",认为国祚的长短在于国家是否奉行礼义,而孟子也说"上无礼,下无学,贼民兴,丧无日矣",(《孟子·离娄上》)更明白指出:国君如果不明白礼义,臣子不学习法度,那么乱民就会趁机兴起,而国家灭亡也就近在眼前了。由于可见,国家是否遵礼行义,对于政事的施为,人民的教化,有很深刻的影响力。如果不能遵礼行义,凡事没有法度、道义,那么民心自然倾向狡诈好利,以致权谋偏斜反覆了。

有一次,齐景公与众臣饮酒,喝得正高兴的时候,景公对大家说:"今天想和大家尽情畅饮,请不要拘束君臣的礼节。"晏子一听变了脸色,严肃地对景公说:"您这话就不对了。众臣本来就希望您最好不拘尊卑礼节,这样强壮的人就可以凭力气来克制长辈,胆大妄为的人就可以借机杀害君王。如果遵照礼教就不会这么做了。所谓禽兽就是凭武力来称霸,势力强的侵略势力弱的,所以时常更换首领。现在您摒弃礼义,就是想依循禽兽的做法了。如果做臣子可以凭武力取得政权、势力大的随时可以侵略势力小的,时常更换国君,那么您又如何能做君王呢?人之所以比禽兽高贵,就是因为人奉行礼义,所以《诗经》上说:'人而无礼,胡不遄死?'可见礼义是不可废弃呀!"但是景公却背转身子,不愿听从晏子的劝告。过了一会儿,景公起身出去,晏子不按礼起立躬送;等景公进来时,也不按礼起立躬迎;举杯相互敬酒时,晏子又违礼先喝。景公非常生气,变了脸色,两手撑按几桌,怒目对晏子说:"刚才你对我说,不讲礼义不行,可是你却处处违背应有的礼节,这样对吗?"晏子于是站起来,离开座位,向景公行稽首大礼,然后说："现在您知道不要礼义的后果了，刚才我的举动就是实例了。"景公悔悟说："确实是我的不对啊！"（《晏子春秋·卷一·内篇谏上第一》）

　　齐景公与众臣尽情喝酒之际而得意忘形，以为抛弃礼义的束缚，会让君臣更和乐，殊不知礼义一废，君臣之间无分际，君若无法御臣，臣则敢犯上作乱，国家便不安宁，因此，礼义不可须臾废离。晏子明白景公单纯逸乐的想法，所以大胆做出无礼的举动来点醒景公，果然使景公觉悟而认错，从此不敢轻易废弃礼义。

名句的诞生

万物为道一偏[1]，一物为万物一偏，愚者为一物一偏，而自以为知道，无知也。慎子[2]有见于后，无见于先。老子有见于诎[3]，无见于信[4]。墨子有见于齐，无见于畸[5]。宋子[6]有见于少，无见于多。有后而无先，则群众无门；有诎而无信，则贵贱不分。有齐而无畸，则政令不施；有少而无多，则群众不化。《书》[7]曰："无有作好，遵王之道。无有作恶，遵王之路。"此之谓也。

——《天论篇》

完全读懂名句

1. 一偏：一隅、一部分。

2. 慎子：战国时期赵国人，主张"贤不足以服不肖，而势位足以屈贤矣"。(《慎子·威德》)

3. 诎：音"qū"，同"屈"，屈抑。

4. 信：假借为"伸"，伸展。

5. 畸：不整齐。

6. 宋子：即宋钘，战国齐宣王时人，主张欲寡。

7. 书：指《尚书·洪范》。

语译：万物是道的一部分，一物又是万物的一部分，愚笨的人又是一物的一部分，而他却自以为了解道，这真是无知啊！慎到的主张有见于在后的威势，却不见于在先的尚贤；老子的主张有见于柔弱的屈抑，却不见于刚强

有后而无先，则群众无门；有诎而无信，则贵贱不分

的伸展；墨子的主张有见于由上而下的统一，却不见于天生不平等的不统一；宋钘的主张有见于欲少，却不见于欲多。只有在后的威势却不重视在先的尚贤，那么一般民众就会失去行事的准则；只强调屈抑却不知伸展，那么贵贱就没有分别。只见齐同却不见不齐，那么政令就无所施设而制裁；以为欲少却无欲多，就无法激励、劝诱人民为善而实施教化。《尚书》云："不要有偏好，遵循王者之道。不要有偏恶，遵循王者之路。"说的就是这个道理。

名句的故事

战国时期，百家争鸣，各种学说纷起，粲然可观，然而各家因立场论述各异，彼此互相批评的情形也十分普遍。

赵国人慎到认为国君能够任势，就可以治理天下，他用飞龙乘云来比喻势的重要，"飞龙乘云，腾蛇游雾，云罢，雾霁，而龙蛇与蟥蚁同矣，则失其所乘也"（《韩非子·难势》）。君王如果能乘势，就可以轻松统治国家，因为"贤智未足以服众，而势位足以任贤者也"（《韩非子·难势》）。由于慎到的思想本于黄老之术，但是他却反对尚贤，因此庄子批评他："不需要圣贤，连土块也不会失去大道，哪里是一般人能够做到的呢？"（《庄子·天下》）所以荀子才说他"有见于后，无见于先"。

老子主张柔弱胜刚强，但荀子以为过于偏颇，因为刚强也有它的好处。墨翟主张"兼爱"，以为"天下兼相爱则治，交相恶则乱"（《墨子·兼爱上》），又主张"尚同"，即推崇上自天子，下至乡长，都应是由选举产生出来的贤者，全体百姓须以他们为楷模，统一在他们的是非标准之下，只要天下人都能兼爱、尚同，就能治好天下；但儒家主张爱是有差等的，孟子说："亲亲而仁民，仁民而爱物。"（《孟子·尽心上》）"老吾老，以及人之老；幼吾幼，以及人之幼。"（《孟子·梁惠王上》）因此，荀子以为墨子的思想是"有见于齐，无见于畸"。

宋国人宋钘对外主张禁止攻伐，对内修养则要求情欲淡薄，庄子说他："见侮不辱，救民之斗；禁攻寝兵，救世之战。以此周行天下，上说下教，虽天下不取，强聒而不舍者也。"（《庄子·天下》）可见他对自己个人的需求欲望几乎为零，却付出所有的精力心血为天下人奔走，虽然很可贵，但却不是一般人所能做到的，因此荀子认为他忽略了人情也有欲多的。

历久弥新说名句

周襄王十四年（公元前六三八年）夏，宋襄公发兵进攻郑国，楚成王出兵救援，宋襄公准备迎战，大司马公孙固劝阻不听，两军于泓水交战。起初，宋军已经部署好了，楚军则还没有全部渡过泓水，大司马建议："楚军兵力多，我军兵力少，趁他们还没有全部渡河的时候，请您赶快下令袭击他们以取胜。"宋襄公却说："不行。"等到楚军全部渡过泓水，尚未摆开战阵时，大司马又请求宋襄公趁机进攻，宋襄公仍说："还不到时候。"等到楚军排好战阵后，宋襄公才下令开战，结果被打得大败，宋襄公大腿也受了箭伤。都城的臣民都怪罪宋襄公，宋襄公却辩解说："仁义的君子作战时不杀死已经受伤的敌人，不擒捉头发花白的老年士兵。古时用兵之道，是不靠逼迫敌人陷入险境而取胜的。我虽然是已亡的商朝后代，仍然不忍心去攻打还没有摆好战阵的军队。"（《左传·僖公二十二年》）

宋襄公如此迂腐不通，却还想接替齐桓公成为诸侯霸主，恐怕太难了吧？后人评论宋襄公是徒有妇人之仁，而不能成就大业。当两军交战时，如果未能一鼓作气，却等待敌军渡河、摆阵整齐后才迎敌，那么我军士气早已馁，又如何能战胜？宋襄公的做法，岂不是有诎而无信，好坏不分了吗？

秦孝公任用商鞅，实施变法。商鞅则厉行新政，起初百姓不适应新法，抗议新法的人，数以千计；正当此时，太子触犯了新法，商鞅说："新法不能顺利推行，是因为在上位的人触犯它。"将依新法处罚太子，但太子是国君的继承人，不能施以刑罚，于是就处罚了他的老师公子虔及公孙贾。从此，秦国人都奉行新法。

商鞅出任秦相十年，很多皇亲国戚都怨恨他。秦孝公去世，太子秦惠王即位，公子虔等人诬告商鞅要造反，商鞅逃到边境，想住旅店，店主不知道他就是商鞅，对他说："商鞅有令，住店的人如果没有证件，店主要连带判罪。"商鞅长长地叹息说："唉，制定新法的弊害竟然到了这种情形！"他离开秦国潜逃到魏国，魏国人怨恨他欺骗公子卬而打败魏军，拒绝收留他。商鞅打算逃到别的国家，魏国人说："商鞅，是秦国的逃犯，秦国重要的逃犯跑到魏国来，不送还秦国是不行的。"于是就把商鞅送回秦国。商鞅回到秦国，发动封地商邑的士兵，向北攻击郑国以谋求生路，秦国则出兵攻打商鞅，在郑国黾池将他杀死。当秦惠王将商鞅五马分尸示众时说："不要像商鞅那样谋反。"（《史记·商君列传第八》）

商鞅执法苛刻寡恩而少教化，过于偏执而使百姓积怨已深，最终还是死在自己的严刑峻法中，《尚书》中说："无有作好，遵王之道。无有作恶，遵王之路。"唯有不偏好也不偏恶，行事中庸才是王者之道呀。

名句的诞生

故绳者，直之至；衡者，平之至；规矩者，方
圆之至；礼者，人道[1]之极也。然而不法[2]礼、
不足[3]礼，谓之无方之民[4]；法礼、足礼，谓之
有方之士。礼之中焉能思索，谓之能虑；礼之
中焉能勿易，谓之能固。能虑能固，加好者焉，
斯圣人矣。

——《礼论篇》

礼者，人道之极也

完全读懂名句

1. 人道：为人与治国的准则。

2. 法：遵从。

3. 足：重视。

4. 无方之民：无道之人；不知礼或不遵守社会
   道德标准的人。

语译：绳墨是取直的最高标准，秤器是取平
的最高标准，规矩是取方圆的最高标准，礼是
为人与治国的最高标准。若是不遵从礼、不
重视礼，就是无道的人民；遵从礼、重视礼，
就是有道的士人。在礼的范围内能思索，叫作
能谋虑；在礼的范围内能不变，叫作能坚固。
能谋虑又能坚固，将礼达到最完善地步的就是
圣人了。

名句的故事

　　"礼"是荀子思想中的重要内容，

其言"礼者，人道之极"直指为人和治国的最高原则，就是遵从礼节仪式与道德规范。一个国家若无法落实礼仪制度，必然上下一片混乱，甚至导致败亡的命运。所以不管在政治法度、社会伦理、人心道德上，都必须制定礼仪来加以规范，这与取直离不开绳墨，衡量轻重离不开秤器，画方圆离不开规矩的道理是一样的。

荀子在文中提到，将礼达到完善境界的堪称"圣人"，能够遵从礼、重视礼的是有道之"士"，反之则是无道之"民"。很显然地，荀子以人们是否致力于礼，视礼为人生学习的目标，判别其日后成为圣人、士、民三种不同等级名分的标准。因此，他在文末写道："圣人者，道之极也。故学者，固学为圣人也，非特学为无方之民也。"圣人是道的至高展现，所以做学问的人，就是要学做圣人的，不是要学无道的人。又荀子在《劝学篇》说过："礼者，法之大分，类之纲纪也。故学至乎礼而止矣。夫是之谓道德之极。"礼是典法的总纲，也是以典法类推各种律例的纲要，所以学习到了礼才算完成，这就是道德的最高体验。

足见荀子心目中的"礼"，俨然已与国家政策、法律制度密切连接，其深信通过礼义法度的实行，便能使所有的人、事、物得到井然有序的处理；同时表明纵使是一个普通人，只要肯立志学礼，通往圣人之路，成就最高道德，也绝非不可能之事。

历久弥新说名句

早在荀子之前，孔子已提出遵行礼制与治国成效的关联。《论语·宪问》中孔子曾言："上好礼，则民易使也。"居于上位的人喜欢依礼行事，尊崇道德规范，百姓就容易听从指挥。也就是从上位的人重视礼的多寡程度，便可知悉其统治国家、管理百姓的优劣能力。

《礼记》是孔子弟子及其后学对礼的相关记录，后经西汉学者戴德、戴圣先后汇辑成书。其中《经解》有云："隆礼由礼，谓之有方之士；不隆礼不由礼，谓之无方之民。敬让之道也。故以奉宗庙则敬，以入朝廷则贵贱有位，以处室家则父子亲兄弟和，以处乡里则长幼有序。孔子曰：'安上治民，莫善于礼。'此之谓也。"意思是说，隆盛行礼可说是有道之士，不隆盛不行礼的则是无道之民。何谓敬让之道呢？就是祭祀祖先要谨慎恭敬，入朝为官身份地位有尊卑之别，在家庭里父子兄弟亲爱和乐，在乡里间依年龄大小礼让有序。这正是孔子所说的——"在上位的人能安于其位治理人民，最好的做法就是依礼而行了"。换言之，礼之道，就是敬让之道，任何人都要恪守长幼尊卑的人伦规范，尤其是治理国家的君主，更要以礼作为审度轻重的准则。

《左传·昭公二十五年》记载，春秋晋国执政上卿赵简子（赵鞅）和各国大夫当年夏天在黄父一地会盟，共同商讨安定周王室内乱一事。赵简子命令各诸侯的大夫们给周王室运输粮食，准备戍守的军士，并提议来年送周天子返回王城洛阳。郑国大夫子太叔（游吉）进见赵简子，赵简子向子太叔请教揖让进退的礼节。子太叔说："您说的是仪式，不是礼。"赵简子不解地问说："那么何谓礼呢？"子太叔回答："我听本国先大夫子产曾经说过：'夫礼，天之经也，地之义也，民之行也。'"礼是上天的规范，大地的法则，人民的行事依据。既然是天地的规范法则，人民就该遵从依循。

子产是郑国上卿，也是春秋著名的政治家，他过世后，将执政权交给子太叔；子太叔谨记子产生前的教导，对赵简子阐述礼本是效法天地而制定的，所以人们奉礼履行，自然也是"天经地义"的道理。文中"天之经也，地之义也"即是成语"天经地义"的由来，意指天地间不容改变的至理。

名句的诞生

礼者，谨于治生死者也。生，人之始也；死，人之终也。终始俱善，人道毕矣。故君子敬始而慎终，终始如一，是君子之道，礼义之文[1]也。

——《礼论篇》

完全读懂名句

1. 文：仪式、形式。

语译：礼是谨慎处理人的生死的。生是生命的开始，死是生命的终了。对待生和死都处理得十分妥当，就是尽人伦之道。所以君子开始时恭敬，终了时戒慎小心，自始至终都没有改变，这就是君子之道，也是礼义的仪式。

名句的故事

荀子主张丧礼应该谨慎隆重，毕竟死丧之事，每个人一生只会遇到一次，不可能再有第二次，如果只有对活着的人丰厚，对死去的人随之薄减，就是"敬其有知而慢其无知"，仅尊敬其有知觉的时候，却怠慢其没有知觉之时，荀子直指此乃"奸人"的作为，全然违背君子待人始终如一的原则。

他在文中又写道："事生不忠厚、不敬文，谓之野；送死不忠厚、不敬

君子敬始而慎终，终始如一，是君子之道，礼义之文也

文，谓之瘠。君子贱野而羞瘠。"意指生时对尊亲的事奉不忠厚、不重礼节的，叫作"鄙野"；送死时不忠厚、不重礼节的，叫作"瘠薄"，这些都是君子所轻贱羞耻的行止。也就是说，从治办丧事的礼仪，可以看出为人臣子或子女，对其尊上至亲是否符合人之常理与常情。

孔子弟子之中，以孝行著称的曾参，《论语·学而》记载了他非常著名的一句话："慎终追远，民德归厚矣。"遵从礼节慎重地办理父母的丧事，虔诚地祭祀追怀祖先，这样就可以使老百姓的德行归于淳厚了！

可见这些儒家圣贤们，无不强调敬始慎终，便是礼仪最完备的展现。

历久弥新说名句

荀子虽言死丧是人生一件大事，但他认为葬礼有贵贱之分、长幼之别，贫富尊卑的身份都要相称得宜，才算合乎礼制的规范；上自天子、诸侯、大夫、士人下至平民百姓，不同阶级的丧礼也有等差分别，绝不是鼓励每个人都得努力摆出盛大的排场。

不过，同为儒家代表人物的孟子，却是"厚葬"的拥护者，他在《孟子·离娄》里说过："养生者不足以当大事，惟送死可以当大事。"意指奉养父母不足以算是大事，只有给父母丧亡送终才算是大事。

另见《孟子·公孙丑下》描述孟子带着母亲的上等灵柩从齐国回到鲁国安葬，事情完成后又准备回到齐国。孟子的学生充虞问孟子说："前些日子老师派我监督木匠做棺木的事，因为时间匆促，我一直不敢请教老师，如今想私下问说，那棺木好像做得太华美了吧？"

孟子回答："上古时期，棺椁没有一定的尺寸，到了中古才规定内棺七寸，外椁的厚薄和内棺相称，从天子到庶人都是一样的；这并不是为了看起来美观，而是这样做才能尽人子的孝心。如果法治不允许，人心不会感到高兴；如果财力不允许，人心也不会感到高兴。既然合乎法治，财力上又足够，古人都已采用这种棺木了，为何独我不能这样做呢？再说，把棺木做厚一点，不让泥土附着在皮肤上，人子的心难道不会快慰吗？我听说过，君子不会把天下人都会使用的东西，节俭到自己父母的身上。"在孟子看来，只要经济能力许可，理当以厚葬为父母送终，亦是人子竭尽孝心的表现。

由此不禁令人联想，当时的贫穷百姓又该如何处理丧事呢？《礼记·檀弓》里记载子路曾对孔子说："没有钱的人真是可怜啊！父母活着的时候无法好好地奉养他们，父母去世又无法依礼办理丧事。"孔子说："即使是吃粥喝水，只要能使父母亲欢乐，就是尽孝道了。父母去世，只要衣裳可以遮蔽形体，即便下葬没有外椁，但能符合自己的财力办丧事，也算是合乎礼了！"可见孔子虽然重视礼，然而他对礼的这番诠释，还是让一般平民感觉比较富有人情味！

天能生物，不能辨物也；地能载人，不能治人也

名句的诞生

天能生物，不能辨物也；地能载人，不能治人也。宇中万物、生人¹之属²，待圣人然后分也。《诗》曰："怀柔³百神，及河乔岳。"此之谓也。

——《礼论篇》

完全读懂名句

1. 生人：人类。

2. 属：类别。

3. 怀柔：以温和的手段使远方的人来归附。

语译：天能生养万物，但不能辨别万物；地能承载人，但不能治理人。天地间的万物与人类，都必须凭靠圣人制定礼法，然后各得其分。《诗经·周颂·时迈》里写道："安抚慰勉百神，以及河川高山。"说的就是圣人能治理万物的道理。

名句的故事

荀子虽肯定人与万物皆为天地所生，但他认为天地并没有辨识或治理万物的能力，一切现象都是顺应自然而生；人们供奉天地，是因为天地乃生命的起源，不该凡事都消极地仰望天地而毫不作为。荀子在文中提到："天地合而万物生，阴阳接而变化起，性

伪合而天下治。"人的本性虽由天地所生，但本性需要经过后天人为的力量来教化，唯有天生本性与人为礼法相互··结合，天下才能够得到完善的治理。"礼"一直被荀子视为治理万物的最高原则，而古代圣人制定的礼仪法度，便是后人衡量一切事物的准则。其中"伪"指的是人为养成有价值的作为的意思。

《左传·昭公十七年》记载春秋郑国大夫裨灶观天象，预言郑与宋、卫、陈四国将同日发生火灾，建议执政大夫子产用三种珍贵玉器祭神，可使郑国躲过灾难，但遭到子产拒绝。接着在《左传·昭公十八年》提到当年夏天，郑与宋、卫、陈四国果真发生大火，裨灶又进言用玉器祭神一事，大臣们唯恐郑国再度发生火事，全都力挺裨灶的建言，这回子产还是不肯答应。子太叔（游吉）劝告子产说："拿这些宝物去祭神可以保护人民，若再发生大火，国家说不定就灭亡了！"子产回答："天道远，人道迩。天道的吉凶非我们能力所及，裨灶哪里知道什么是天道呢？多预言几次，偶尔也有正好猜中的时候。"之后郑国并没有发生火灾，这也证明了裨灶的预言是不足相信的。

当时人们深信上天是人事祸福的主宰，子产为破除大众对天的迷思，提出"天道远，人道迩"的人本观念，直指天意幽微难测，天道遥不可及，还不如在人道上尽力而为，其与之后的荀子同样重视人为的力量。

历久弥新说名句

荀子主张天地运行有其自然规律，不因人事变动而有所改易，此一观点实与道家思想相近。《老子·第七章》云："天长地久，天地所以能长且久者，以其不自生，故能长生。"天地从来不为自己求生，反而能够长恒久远地生存下去，不同于万物皆难逃生灭的命运。

另见《庄子·大宗师》描述子舆和子桑两人为好友，在连下了十天大雨之后，子舆担心子桑饿到生病，便带饭过去给子桑吃。到了门口，子舆听到子桑鼓琴唱着："父亲啊！母亲啊！天啊！地啊！"子舆问说："你唱歌的内容怎么是这样的？"子桑答道："我在想是谁造成我今日的下场，但我一直想不出来。父母哪里会希望我贫困呢？天无私覆，地无私载，天地哪里会偏要我贫困呢？既然我找不到原因，就当一切都是命吧！"道家认为天地不可能针对个人兴作福祸吉凶，人们理当效法天地无私、无我的精神，顺应生命自然的变化。相较于道家崇尚自然无为，荀子重视的是人的积极作为。

战国楚人宋玉在《风赋》提及其与楚顷襄王在兰台游玩，迎面吹来一阵凉风，楚王对宋玉说："这风吹在身上真是痛快啊！是寡人与庶民所共享的吧？"宋玉说："这是属于大王的风，庶民怎么可能与您共享呢！"楚王不相信天地间的风也有贵贱之分，叫宋玉说出个道理来。宋玉开始叙说风在不同的地方产生，吹出的气也就不同，好比吹入宫中是令人遍体清爽、治病醒酒的雄风，吹入庶民屋内是令人忧伤病痛、要死不活的雌风。宋玉借雄风、雌风为喻，暗示楚王体察皇宫与庶民生活的悬殊差距。

北宋苏辙在《黄州快哉亭记》评论宋玉对楚王说的话，其言："夫风无雄雌之异，而人有遇不遇之变。"风本身并无雄、雌的分别，是人的境遇有得意和不得意的变化。就苏辙的观察，宋玉虽意在暗讽楚王不知民间疾苦，但楚王的快乐与庶民的忧愁，都是人事上的变化，跟风一点关系也没有；风不过是天地自然生成的现象，人的快乐与忧愁，全凭自己内在的感受，是人决定用什么态度来面对自己的人生。

事死如事生，事亡如事存

名句的诞生

卜筮视日，斋戒修涂[1]，几筵馈荐[2]告祝[3]，如或飨之。物取而皆祭之，如或尝之。毋利举爵[4]，主人有尊[5]，如或觞之。宾出，主人拜送，反易服[6]，即位而哭，如或去之。哀夫！敬夫！事死如事生，事亡如事存，状[7]乎无形影，然而成文[8]。

——《礼论篇》

完全读懂名句

1. 修涂：修除。涂：此通"除"字，扫除。

2. 馈荐：祭祀进献的贡品。

3. 告祝：祭礼的仪式。

4. 毋利举爵：指不用劝食的人代替主人饮酒。利：古代祭祀时用活人代表死者受祭，叫作"尸"；劝尸进食的人叫作"利"。爵：古代饮酒的器具。

5. 有尊：献酒。

6. 反易服：返回后，脱下祭服，换上丧服。

7. 状：好像。

8. 成文：合乎礼仪的规定。

语译：占卜看日子的吉凶，斋戒打扫，在祭祀的桌上进献贡品，如同神灵真的来享用一样。每一种物品都取来祭祀，如同神灵真的来品尝一样。不用劝食的人代替主人饮酒，主人献酒，如同神灵真的来喝酒一样。宾客离开，主人拜谢送别，回来脱去祭服，换上丧服，就位哭泣，如同神灵就要离去一样。悲哀啊！恭敬啊！对待死者就好像对待生者一样，对待亡者就好像对待活着的人一样，好像没有形影，然而都合乎礼仪的规定。

名句的故事

荀子认为丧祭的意义，主要是为了表达人们对亡者的心意和思慕之情，若没有庄严隆重的仪式，人们的强烈思念只能放在心中空想，情感上则流于怅然若失、郁闷不乐，这便是礼仪欠缺、不完备的结果。因此，古代圣王才会制订仪式，借此抒发对尊亲的感念。

荀子在文中提到："丧礼者，无它焉，明死生之义，送以哀敬而终周藏也。"丧礼没有别的意思，只是用来表明死与生的意义，以哀敬的心情来送走死者，最后周全地将死者埋葬。荀子又说："丧礼者，以生者饰死者也，大象其生以送其死也。故如死如生，如亡如存，始终一也。"丧礼就是用活着时候的样子去妆饰死者，大致模仿其活着时候那样去送走死者。对于生死、存亡一概按照礼的规定去对待，始终没有改变。换言之，举行丧礼的目的，就是将人的情感与仪式做到充分地表达，让亡者生前与身后得到的待遇是相互呼应、本末一致的。

《礼记·中庸》孔子论述周武王与周公对礼的重视。文中写道："践其位，行其礼，奏其乐，敬其所尊，爱其所亲。事死如事生，事亡如事存，孝之至也。"登上先祖之位，行祭祀之礼，演奏祭祖的音乐，尊敬其所尊敬的人，亲爱其所亲爱的人；供奉死者如同生者，供奉亡者如同其在世的时候，这就是孝的最高表现。孔子称许周武王、周公承继父亲文王的圣德，体认祭拜天地与祭祀先祖的礼仪，对于明辨尊卑长幼有重大的意义，而能用虔敬慎重的心面对，所以他们治理国家就好像放置东西在手上一样简单。

历久弥新说名句

《孟子·滕文公》里有一段关于孔门弟子的记事："昔者孔子没，三年之外，门人治任将归，入揖于子贡，相向而哭，皆失声，然后归。子贡反，筑室于场，独居三年，然后归。"从前孔子过世，弟子们在服丧三年后，准备行李回家，走进子贡的住处作揖告别，相对泣不成声，然后才离开。子贡又回到孔子的墓地旁搭建房子，独自住了三年才回去。依照丧亲的礼仪，为至亲服丧最久不会超过三年，以表失去亲人的哀伤与悲痛，足见这些学生俨然视孔子有如亲生父亲般，学生子贡更是守在孔子的墓旁长达六年。从孔门弟子的身上，可以感受他们对老师的敬爱，死后与生前并没有什么不同。

《世说新语·伤逝》描述东汉末年，擅长辞赋，亦是"建安七子"之一的王粲去世，时任魏公世子的曹丕前往吊祭。由于王粲生前喜欢听驴子的叫声，曹丕对同行的人建议说："王好驴鸣，可各作一声以送之。"于是所有人都学了一声驴叫，作为对王粲的送别。曹丕知道王粲生前的喜爱，所以会在丧礼上模仿驴鸣，希望故友能够领会他的心意。很难想象贵为世子的曹丕，竟然在吊丧场合，率同一群人学着驴子叫，给人感觉有些滑稽又不太搭调。不过换个角度思考，曹丕此举不也算是"事死如事生，事亡如事存"的一种实践吗？

这不禁令人联想到民间传统的焚烧"纸扎"习俗，就是把纸扎成房屋、仆人与日常用品的造型，烧给亡者到另一个世界使用。近来更有纸艺业者，根据亡者生前的个人喜好做成各类纸扎，诸如豪宅、名车、名牌皮包，以及先进科技的电器产品等，每件成品无不栩栩如生，价格虽不便宜，生意却是相当兴隆。为了让死去的亲人过着与在世无异的生活（甚至更为舒适），象征奢华享受的纸扎祭品，也成了后人表达孝心的另类方式。

名句的诞生

异形[1]离心交喻[2]，异物名实互纽[3]，贵贱不明，同异不别。如是，则志必有不喻之患，而事必有困废[4]之祸。故知者为之分别制名以指实，上以明贵贱，下以辨同异。贵贱明，同异别，如是则志无不喻之患，事无困废之祸，此所为有名也。

——《正名篇》

完全读懂名句

1. 异形：事物的形状不同。

2. 交喻：互相说明。喻：晓喻、说明。

3. 互纽："互"原误作"玄"。"互纽"意指互为混杂交错。

4. 困废：困顿、荒废。

语译：事物的形状不同，人们的理解各异，必须要互相说明；事物的性质不同，名称和实际情况混杂交错。贵贱不能分明，同异不能区别。如果像这样，那么就会有思想不能表达的忧患，处事就有困顿荒废的灾祸。所以有智慧的人必须对这些现象加以分别，制订名称来表达事物。对上可以分清贵贱，对下可以区别同异。贵和贱分明了，同和异区别了，这么一来就不会有思想无法表达的忧患，也没有事情困顿荒废的灾祸，这就是事物必须要有名称的原因了。

名句的故事

荀子在处理名实上的问题，主要在"制名以指实"，他重视的是"名"的社会功用，确认事物与事物之间，或是人和物之间的同异关系。荀子认为概念有"共名"和"别名"的区别，例如："动物"是"共名"，"人""猩猩""老虎"等是别名，即是"种概念"与"属概念"的区分。最大的共名是"物"，指天下一切的东西；最大的别名是"门前的桉树"，指称特定的某一物。这与墨家的达名、类名、私名的区别似乎是一致的，不过墨家注重概念、判断、推理的形式结构研究，荀子则是重视其中动态的辩证关系。

荀子曾批评当时的一些诡辩，例如他认为公孙龙的"白马非马"是"以名乱实"，正确的做法是名或概念必须在动态中与现实保持一致，所以白马是"马"和"白"的结合。一个概念概括了众多同类实际事物，而每个判断（辞或一个陈述）都是概括不同实际的概念的结合，推理或论证要保持概念自身内涵的不变，同时，概念与概念之间彼此转移运动，表达出现实事物的动静之道。

这样的观念建立了中国古代辩证逻辑的雏形，荀子的"制名以指实"走出了老子和庄子认为语言、概念不能表达世界的变化及其法则（道）的观点，他以概念自身的辩证关系为基础，表达世界及其法则的运动变化。

历久弥新说名句

荀子重视名实的相符，而历史上有个著名的故事——指鹿为马，却是公然颠倒黑白，混淆是非，歪曲事实。

秦始皇临死前，本要传位给长子扶苏，当时扶苏正在军中，李斯与赵高串通胡亥，假传诏令，让扶苏自尽，胡亥继位号称二世。二世不论大小事都听从赵高，让赵高的权力愈来愈大，他设计除掉李斯后，进一步想谋反篡位，但担心群臣不听命，于是设下计谋进行试验。

一日早朝过后，众臣奏事完毕，二世准备退朝，赵高突然出列启奏，恭恭敬敬说道："北方送来一只奇珍怪兽，我不敢私下珍藏，所以想要呈送陛下，还请陛下笑纳。"

当二世说完"呈上来吧"，只见赵高向殿前一名郎中做了手势，郎中向外传令，从殿门外推进一部栏车，众臣一看不禁窃窃私语。

"明明只是只梅花鹿，上苑里多得很，算什么奇珍怪兽？"有臣子忍不住脱口而出。

赵高恶狠狠地瞪了这人一眼，没有说话，却暗中记下这人姓名。

二世见了，不禁大笑，说道："丞相，这只是只普通的梅花鹿，有什么稀奇？"

"不！"赵高一脸正经继续说："这是林胡献来的林胡马，是十万匹当中难得挑到的一匹异种！相当珍贵。"

二世不解，说道："丞相爱说笑，看它头上长了一对大叉角，细腿短尾，黄色皮毛，再加上圈圈白点，分明是只鹿。"

赵高严肃地说："陛下的眼睛恐怕出毛病了。这匹林胡马是异种，不但皮色是白的，而且没有长角，不信的话，可以询问诸位大臣。"

二世要近侍大声传旨，文武百官把栏车团团围住，仔仔细细地观看栏中的动物。看完后，赵高一个个点名问，大部分的臣子都回答是马，只有少数说是鹿。赵高冷冷笑道：“你们几个的眼睛恐怕和陛下一样有了毛病！”

　　二世不敢相信，明明是鹿，怎么众大臣都说是马？当真是自己的眼睛出了毛病？退朝后立即找御医会诊，御医们诊断的结果是二世的眼睛无恙，但他们害怕赵高，也将鹿视为马。二世心生惶恐，以为自己精神有病，有异物在作祟，吓得找太卜卜卦，在上林行宫斋戒一个月，政务则由赵高代理。赵高趁这个机会将那些说鹿是“鹿”的人全部铲除，最后还运用计谋让二世自杀，由子婴继位。子婴知道赵高图谋不轨，心怀灭秦称王的诡计，于是先下手为强，诱使赵高到斋宫，杀了赵高及赵高三族。

螭龙为蝘蜓，鸱枭为凤凰

名句的诞生

天下幽险，恐失世英。螭龙[1]为蝘蜓[2]，鸱枭[3]为凤凰。比干见刳[4]，孔子拘匡。

——《赋篇》

完全读懂名句

1. 螭：音"chī"，外形似龙而无角，是传说中的动物。

2. 蝘蜓：音"yǎntíng"，就是壁虎。

3. 鸱枭：音"chīxiāo"，似黄雀而小，头大，嘴短而弯。

4. 刳：音"kū"，剖开。

语译：天下这样黑暗凶险，恐怕要遗弃了绝世的英才。把螭龙认作蜥蜴，把鸱枭认作凤凰。比干被剖开挖心，孔子被拘禁起来。

名句的故事

荀子在本篇要表达的是天地万物有其自然的时序与产出，违背这个道理的发展，就会出现颠倒是非、祸害相乘的社会。

例如人类社会中的"礼"。人性如果缺乏它，就会像是禽兽一般；人性如果有了它，就会变得优雅、善良。

例如人类社会中的"智"。君子可以用它来端正身心；盗贼可以用它来穿墙挖洞。它深藏在人的心中，对外可以战胜敌人；一般人有了它，就可获得平静；治理天下如果用了它，就获得太平。

例如天象中的"云"。世间如果没有它，万物就会毁灭；如果有了它，万物就得以生存。在冬天，它是寒冷的制造者；在夏天，它是暑热的制造者。

例如万物中的"蚕"。人类是要利用它，飞鸟是要吃它；礼乐因为有它而完成，贵贱身份借着它而有所区分。它们吃桑叶而吐丝，由蛹变成蛾以后，再出现下一代。它们必须三次卧眠，三次苏醒，才能完成它们的天职。

例如人类行为中的"箴"。箴就是规劝、劝诫；既能够合纵，又善于连横。对下可以照护百姓，对上可以衬托君主的英明；需要它时，它就存在；不需要时，它也不会出现。

荀子通过上面的描述，要对照出当时的社会已经失序，要改造这个乱象的社会，唯有依靠圣人。他自比为圣人，正在拱手等待君王的重用呀！

历久弥新说名句

《说文解字》记载，鸱枭是"不孝鸟也"，《毛诗草木鸟兽虫鱼疏》更进一步说："其子适长大，还食其母。"意思是说，鸱枭长大后，还会吃掉自己的母亲。《尚书》更是点明鸱枭是"贪残之鸟"，甚至用来比喻人的行径："鸱枭之义，钞掠良善，外奸内充，劫夺人物。"即鸱枭这种人就是会欺骗善良的人，犯法作乱，抢劫他人的钱财。《诗经》上说："鸱枭鸱枭！既取我子，无毁我室！"鸱枭！你已经夺走我的孩子，就不要再毁掉我的家了。足见鸱枭绝对不是祥瑞的动物。

《史记·封禅书》里有一则故事，话说齐桓公在管仲的辅佐之下，终于成就一方霸业，因此也想学周成王封禅。管仲对于这件事情其实并不赞同，所以他拐弯举出诸如神农氏、炎帝、黄帝、颛顼、尧、舜、禹、汤、周成王等，都是因为受到天命所以才行封禅之礼。齐桓公一听，就开始举出自己的功勋：南征北讨了蛮夷戎狄，九次召集各国诸侯、一匡天下，齐桓公觉得这与过去受天命的帝王，有什么差别呢？

事实上，封禅的条件就是要出现祥瑞的征兆，表示天下太平、国泰民安。因此管仲便提醒齐桓公："物有不召而自至者十有五焉。今凤皇麒麟不来，嘉谷不生，而蓬蒿藜莠茂，鸱枭数至，而欲封禅，毋乃不可乎？"亦即，自古封禅至少会有十五种祥瑞之物自动出现，但是现在凤凰、麒麟都没来，好的谷物没有长出，反倒是杂草茂盛，鸱枭飞来好几回，这种情况下恐怕不适合封禅。

凤凰没来，来了鸱枭，齐桓公当然得打消封禅的念头呀！

140

名句的诞生

君人者，隆礼尊贤而王，重法爱民而霸，好利多诈而危。

欲近四旁，莫如中央。故王者必居天下之中，礼也。

——《大略篇》

完全读懂名句

语译：治理天下百姓的人，如果崇尚礼制、敬重贤达，就会成为真正的君王；如果强调法制、关爱人民，就能称霸一方；如果贪图利益、多行诈巧，就会遭遇危险。

想要亲近四方百姓，莫过于居处在天下的中央。所以，君王必须居处在天下的中央，这是一种礼制。

名句的故事

荀子通过《大略篇》将君王应享有的尊贵说得透彻。本篇名句是强调天子应该位居天下的中央，方能掌握天下。《吕氏春秋》上更清楚说明："古之王者择天下之中而立国，择国之中而立宫，择宫之中而立庙。"君王应选择天下的中央立国，国的中央建立君王的王宫，王宫的中央建立天子的宗庙。

又例如帝舜登基为王，《史记集解》中引东汉刘熙对此的评论说："天子之位不可旷年，于是遂反，格于文祖而当帝位。帝王所都为中，故曰中国。"因为当时的尧很清楚自己的儿子丹朱不肖，"不足授天下"（《史记》），所以决定禅位给舜。舜遵守礼制，为尧服满三年的丧期后，便将帝王的位置让给丹朱，没想到这个举动引起大家的反对，天下纷扰不断，舜才发现这真是"天意"，便登基即位。刘熙清楚指出，帝王所在的位置就是天下的中央，所建的都城就叫作"中国"。

荀子之所以认为天子居于天下中央是一种礼制，应该与古中国时代将天下分为"九州岛"有关。根据史载，九州岛是从大禹平洪水、定天下后就存在。我们如果画出九宫格，正中间的那一格就是天子所在之处，这也是周代"井田制度"，有八家私田，中间为公田，公田就是政府所在地。所以"欲近四旁，莫如中央"，天子位于中央，确实有利国家的治理与掌握。

历久弥新说名句

"择中"是先秦时代非常重要的思想。周公东征班师回朝后，便在周成王的指示下，营建东都洛邑，因为洛邑的地理位置处于"此天下之中，四方入贡道里均"（《史记·周本纪》），即洛邑位居天下的中央，四方诸侯国如果要前来进贡，交通的距离都是一样的。

洛邑其实就是我们熟知的洛阳，是历代以来的王都首选之处，只要是君王都不会随意放弃这个地方。例如《滑稽列传》记载，王夫人是汉武帝喜爱的人。王夫人病重时，汉武帝亲自前去探望，并且问她："你的儿子应当受封为王，你希望他的封地在哪里呢？"王夫人回答说希望在洛阳，汉武帝立即拒绝："不行。洛阳有兵库、粮仓，又是交通要道，是天下的咽喉。从先帝以来就立下规矩，不让洛阳成为封地。但是关东一带没有比齐国更大的，可以封你的儿子为齐王。"由此可见洛阳的重要！

有法者以法行，无法者以类举

名句的诞生

有法者以法行，无法者以类举[1]。以其本知其末[2]，以其左知其右，凡百事异理而相守也。

——《大略篇》

完全读懂名句

1. 类举：在不同的事物中，取其相类似的地方进一步推测其他未知的。

2. 本末：事物的根本与细节。《易经·系辞下》："其初难知，其上易知，本末也。"《史记·秦始皇本纪》："秦本末并失，故不长久。"

语译：有法令规定的依照法令行使，没有法令规定的则依照相类似的情形类推。依照事情的根本能进一步了解它的细节，按照事情的发展以左知右，任何事物在外表或细节上有不同的地方，但是基本道理是相通的。

名句的故事

《论语·述而》说道："举一隅不以三隅反，则不复也。"意思是说，用一个四角形做譬喻，列举一个角而不能推想其余三个角的人，我是没有兴趣再教导他了。孔子这段话，表面看来简单风趣，其实深刻证明了学习时绝不能囫囵吞枣、不求甚解，知识并不是从书本上搬下来，硬塞进脑子里就行了，而是要多动脑筋，反复揣摩，彻底消化，才能够"举一反三"。"举一反三"引申可指：学习一样东西，要能够类推到同样的事情上，只要是同类的，全都能够明白，这才是"真正的懂"。

李家同教授谈到如何选择科系时，建议年轻学子选填"难读的、基础的"学科为主，因为这些科系能够让你有非常丰富的专业知识，他说："愈是基础学科学得好的同学，将来转行就愈容易。假如有两个系给你选，有一个是电机系，另一个是电机里的一个领域，不管后者如何红透半边天，仍要将电机填在前面。有些系的领域太狭窄，对同学是不利的。"

基础打得稳，知其本就容易知其末；相反地，基础不稳固，学得不精，如何由末而知本呢？想要拥有"类举"的功夫，就得先通盘了解基本道理。

历久弥新说名句

基本道理通达了，其他就能举一反三；但若只是一味仿效别人，只学皮毛未学精髓，很可能"画虎不成反类犬"。

东汉时有位著名的将军马援，他的侄子马严、马敦都喜欢议论时政，两人结交了一些轻薄之徒，整日高谈阔论。有次马援写信告诫他们说："龙伯高为人诚朴宽厚，办事周密谨慎，不道人长不说人短，他的生活谦虚节俭、廉明公正又有威信，我十分敬重他，希望你们能够向他学习。杜季良为人行侠仗义，豪爽有义气，对待人不分好坏，贤或不肖都能处理得当，我也很尊重他，但不希望你们学他。因为即使学不到龙伯高那样的高尚品德，至少还能成为一个谨慎庄重的人，想要刻画天鹅，画得不像还像只野鸭。可是想要学习杜季良，学得不好，反而堕落成轻薄子弟，那就像是想要画只老虎，画得不像时就像条狗了。"

想要"有法者以法行，无法者以类举"，还必须懂得变通，《吕氏春秋·察今》有段寓言故事："楚人有涉江者，其剑自舟中坠于水，遽契其舟曰：是吾剑之所从坠。舟止，从其所契者入水求之。舟已行矣，而剑不行，求剑若此，不亦惑乎。"这位楚国人想效法一位丢剑人，在丢剑处做记号，回过头再去找剑，所以"刻舟求剑"，但他忘记船是会行驶、会移动的，在船上做记号，等船停了再找剑，根本不可行。拘泥固执，自以为是，不但无法解决问题，反而让人笑其荒谬。

另外，胡乱模仿他人，忘了自身条件，也可能达到反效果。春秋越国美女西施因患心病，疼痛时捧心皱眉，同里丑女东施看见觉得十分美丽，于是模仿西施，没想到更见其丑，同里的人看了纷纷走避。"东施效颦"典出《庄子·天运》，提醒我们：东施效颦不但不新奇，反而更可厌了！

名句的诞生

今夫亡箴[1]者，终日求之而不得。其得之，非目益[2]明也，眸[3]而见之也。心之于虑亦然。

——《大略篇》

完全读懂名句

1. 亡箴：遗失针。箴：指"针"。

2. 益：更加，如"精益求精"。《孟子·梁惠王下》："如水益深，如火益热。"

3. 眸：低目视。

语译：有人遗失了针，找了一整天都找不到。后来找到针了，并不是因为眼睛变得更加明亮之故，而是因为低目才看到它。心对于思虑也是如此，应该要反复细察。

名句的故事

荀子认为对于"仁义"与"利益"两者的需求都存在于人心中，纵使是讲求仁义的尧和舜，也不可能要求人民舍弃寻求利益的心思，但是可以让人民除了追求利益外，还能拥有重视仁义的心怀；纵使是残暴的夏桀与商纣也不能移去人民好义的理想，但是却能够使人心改变，让仁义之心无法胜过追求利益之心，使人民重视利益更胜于仁义道德。当讲究仁义更胜于追逐利益时，就是所谓的"治世"，反之便是"乱世"。

席勒说："真理绝不因为有人不承认它而感到苦恼。"看见真理，不是因为"目益明也，眸而见之也"，而是因为"真理"确确实实存在。擦亮双眼，保留下真理，让真理发亮，是多么珍贵啊！

因此荀子提倡："天子不言多少，诸侯不言利害，大夫不言得丧，士不通货财。有国之君不息牛羊，错质之臣不息鸡豚，冢卿不修币，大夫不为场园。从士以上皆羞利而不与民争业，乐分施而耻积藏。然故民不困财。"上行下效，当在上者不以追求利益为目标时，在下者也将不再只重视财富，而能以仁义道德为优先了。

历久弥新说名句

西方哲学家巴门尼德表达对感官经验的怀疑，认为"眼见不一定为实""感官不能发现真理，只有思维才能发现真理"，他认为，没有事物是变化的。比如说莎士比亚的哈姆雷特是丹麦王子，在某种意义上是真的，但它的真实不是在历史意义上，因为实际上并没有人叫哈姆雷特，而是莎士比亚创作了一个丹麦王子叫哈姆雷特。

如果说"哈姆雷特"是一个想象中人物的名字，并不是严格意义上的正确，正确的说法应该是：人们想象"哈姆雷特"是一个真实人物的名字，因此，哈姆雷特是一个想象中的个体，关于哈姆雷特的说法，都是有关"哈姆雷特"这个"字"（这里指"名字"）的说法。在很多时候我们所说的并不是"字"，而是"字"所意味的东西。

在巴门尼德的论证里,如果一个字可以有所指地被加以应用的话,它就必然意味着某种事物而不是意味着无物,因此这个字所意味的事物必然在某种意义上是存在着的。巴门尼德的学说主要表现在一首《论自然》的诗里。他把大量可感觉到的事物都斥之为"单纯的幻觉",唯一真实的存在就是"一"。"一"是无限的、不可分的。

对于"真理之道",巴门尼德秉持着:事物是没有变化的。能够被思维的和能够存在的乃是同一回事,能够被思维的事物与思想存在的目标是一致的,因为你绝不能发现一个思想没有它所要表达的存在物。当你思想时,你必定是思想到某种事物;当你使用一个名字的时候,它必然是某种事物的名字。因此思想和语言都需要在它们本身以外有某种客体。既然可以在不同的时刻,想到或说到同一件事物,因此凡是可以被思维的或者被说到的,必然在所有的时间内都存在,不可能有变化,因为变化就包含着事物的产生与消灭。

他的哲学思想不只是对过去唯心主义哲学的继承,更是继承和发展了之前整个古希腊的原始朴素哲学。

国将兴，必贵师而重傅；贵师而重傅则法度存

名句的诞生

国将兴，必贵师而重傅[1]；贵师而重傅则法度存。国将衰，必贱师而轻傅；贱师而轻傅则人有快[2]；人有快则法度坏。

——《大略篇》

完全读懂名句

1. 贵师而重傅：贵、重均为重视之意。

2. 快：轻肆。

语译：国家将要兴盛之际，必然会尊师重傅；尊师重傅则法度得以保存。国家将要衰微之际，必然轻师贱傅；轻师贱傅则人会有轻薄放肆的行为；人一旦轻薄放肆则法度将趋向败坏。

名句的故事

《礼记·学记篇》："凡学之道，严师为难。师严然后道尊，道尊然后民知敬学。"告诉我们尊师的重要，老师受到尊重，真理学问才会受到敬重；真理学问受到敬重，人民才会认真看待学问、认真学习。然而尊敬老师是最难做到的，因此君王不以对待部属的态度来对待老师，在《大学》的礼法中，对天子授课时，老师不必居于

面朝北的臣下之位，都表现出对"尊师"这观念的重视。

人若能够尊敬老师，自然能发掘心灵上的美德；推己及人，社会各阶层的人都能受惠，将是匡正道德败坏的一盏明灯。若能尊师，将老师的地位提高，就能带动学术的活络，整个社会的学习风气也将改变，国家将快速达到兴盛的荣景。但是相反地，若一个国家不重视教育、轻视老师，进步的步伐将停滞不前。荀子说的"国将兴，必贵师而重傅；贵师而重傅则法度存"，和《礼记》所言正好是因果关系的互相补充，阐明尊师与否将左右国家兴衰。

历久弥新说名句

战国时期，有个叫段干木的人，品德高尚，学识渊博，魏文侯很希望他当官，可是段干木却不领情，魏文侯亲自拜访，他翻墙逃走。魏文侯更加敬重他，每次乘车经过他家门口，总要站起来，扶着车前横木表示敬意。车夫问魏文侯为何如此敬重段干木，魏文侯回答："段干木不趋炎附势，隐身穷巷当中，扬名千里之外，我怎能不对他恭敬？他有德，我有势；他多文，我多财。势不如德贵，财不若义高。"后来魏文侯终于将段干木请到官中做自己的老师，听他谈治国的道理，纵使站得再久再累，也不敢坐着休息。因为这样，也替魏文侯赢得美名，在治理国家上，更获爱戴。

汉明帝刘庄即位前，桓荣是他的老师。有次桓荣生病，刘庄天天派人询问病情，延医送药。刘庄即位后，对桓荣更加敬重，不仅加重赏赐，还亲自率领文武百官到桓荣府上，桓荣坐在师位，明帝带领众人执书背诵。桓荣老了，退休了，明帝为他举行"大射""养老"之礼。当桓荣病危之际，明帝亲自到府问病，带着桓荣教他读书时用过的六经，流泪安慰老师。后来桓荣病逝，明帝换上素服，亲自临丧送丧。汉明帝的身体力行，为尊师定下了典范，在朝期间学术大兴，章帝承其后，缔造"明章之治"，成为有名的盛世。

名句的诞生

故上士吾薄为之貌，下士吾厚为之貌。人人皆以我为越逾好士，然故士至，士至而后见物，见物然后知其是非之所在。

——《尧问篇》

完全读懂名句

语译：所以对待上等的读书人我在礼节上要简薄一些，对待下层的读书人我在礼节上还要厚重一些。人人都以为我降低身份喜好读书人，所以读书人就会来到，读书人来到后我就能见识很多东西，见识到很多东西后我就能知道是非的所在。

名句的故事

《尧问篇》要谈的就是为官者应有的谦逊，面对愈卑下者，愈要能够放下身段。荀子还借此讲了两个小故事：

相传缯丘那个地方的官员去求见楚国的丞相孙叔敖说："听说，长期当官的人会被读书人所妒忌，俸禄丰厚的人会被老百姓所怨恨，地位尊贵的人会被君主憎恨。您如今担任相国，这三样条件都具备，却没有得罪楚国的文人、百姓，这是为什么呢？"孙

上士吾薄为之貌，下士吾厚为之貌

叔敖回答说："我三次担任楚国的丞相，但心里却一次比一次谦卑；每每增加俸禄时，我施舍出去的就会更多；我的地位愈尊贵时，就会愈恭谨待人——这就是我没有得罪楚国文人、百姓的原因呀。"

魏武侯对于事情的运筹帷幄都很恰当，众臣没有人能比得上，他每每退朝后，都会面露喜色。魏国的功臣吴起便上前向魏武侯说起楚庄王的故事。吴起说："楚庄王对事情的规划都很恰当，众臣中没有人能比得上，他每每退朝后都面露担忧。申公巫臣便上前问：'大王上朝后都面带忧色，是为什么呢？'楚庄王说：'我谋划事情都很恰当，群臣没有谁能赶得上，所以感到忧虑。因为商朝的中虺说过，诸侯如果得到老师的指导就能称王，得到朋友的帮助就能称霸，得到对自己怀疑的人就懂得如何生存，事情都靠自己谋划的人就会灭亡。如今群臣中没有人赶得上我，我的国家不就是接近灭亡了吗？'楚庄王感到忧心的事情，君主您却感到高兴。"魏武侯听完后倒退几步，再三向吴起拜谢："上天指派先生来终止我的过错啊！"

历久弥新说名句

《汉书》记载，韦玄成是西汉丞相韦贤的儿子，自幼好学，甚为谦恭。韦玄成出门时，遇到认识的人步行，他总是让自己的侍从仆役下车，然后载送别人到要去的地方；遇到贫贱的人则是更加礼敬。

而韦玄成的哥哥韦弘虽然有官职，却犯下不少过错，他的父亲韦贤怕长子会被判罪贬官，所以希望他快点辞职。没想到，韦弘因为弟弟谦让的行径，有意将韦家的继承人让给弟弟，所以不肯辞官回家。后来韦弘真的因为做错事而被关了起来，韦贤抱憾离开人世。韦贤的门生和族人便共同商议，要请韦玄成作为韦家的继承人。韦玄成深知这不是父亲的愿望，于是假装得病，不愿接受；朝廷又征召他到长安承袭父亲的爵位，韦玄成也托病不应。

朝廷觉得奇怪，展开调查后得知，韦玄成的品行一直为人称道，他只是装病要将爵位让给哥哥韦弘。汉宣帝知道后非常高兴，便让两兄弟都有了官职，在当世非常地荣耀。

所以不仅仅是为官应懂得谦逊，待人处世、治家持家，谦逊都是最好的妙方呀！

谨言慎行，坐言起行

名句的诞生

以善先[1]人者谓之教，以善和人者谓之顺，以不善先人者谓之谄，以不善和人者谓之谀。是是非非谓之知，非是是非谓之愚。伤良曰谗，害良曰贼。是谓是、非谓非曰直。窃货曰盗，匿行曰诈，易言曰诞。趣舍[2]无定谓之无常，保利弃义谓之至贼。多闻曰博，少闻曰浅。多见曰闲[3]，少见曰陋。难进曰偍[4]，易忘曰漏。少而理曰治，多而乱曰秏[5]。

——《修身篇》

完全读懂名句

1. 先：前导、率导，有事先而为的意思。

2. 趣舍：进退、取舍，音"qūshě"，即趋舍。

3. 闲：同"娴"，意指熟习。

4. 偍：同"提""媞"，意指弛缓。

5. 秏：通"眊"，音"mào"，昏乱不明。

语译：用善来诱导人叫作教，用善来附和人叫作"顺"，用不善来诱导人叫作"谄"，用不善来附和人叫作"谀"。能辨明对就是对、知道错就是错叫作"智"，把错当成对、把对当作错叫作"愚"。用言语毁伤善良叫作"谗"，伤害善良叫作"贼"。对就说对、错就说错叫作"直"。偷窃财货叫作"盗"，藏匿真实行为叫作"诈"，轻易胡言叫作"诞"。进退取舍不定叫作"无常"，保利弃义叫作"至

是是非非谓之知，非是是非谓之愚

贼"。多闻叫作"渊博"，少闻叫作"肤浅"。多见叫作"熟习"，少见叫作"寡陋"。难上进叫作"弛缓"，容易忘记叫作"漏失"。简要而有条理叫作"明治"，繁多而杂乱叫作"昏乱不明"。

名句的故事

孔子曰："巧言令色，鲜矣仁。"(《论语·学而》)意谓一个人如果只会迎合他人说话，装出讨好他人的表情，恐怕是不会有仁心的。因为这样所说出来的话未必是自己的本意，只想取媚他人罢了。

战国时期楚怀王对齐国人田鸠说："墨子是个很有名的学者，行为表现也不错，不过他的言论却不巧妙且锐利，这是为什么呢？"田鸠回答："从前秦穆公将女儿嫁给晋公子重耳，准备了丰厚的嫁妆，还有许多陪嫁的女子，结果晋国人却喜欢陪嫁的女子而看轻秦穆公的女儿，可见秦穆公善于嫁妾而不是嫁女。另外，有个楚国人到郑国卖珠宝，用木兰做成珠宝盒，不但熏香，还镶了许多珠宝在盒面，结果郑国人向他买了珠宝盒，反而退回他的珠宝，可见楚国人善于卖宝盒而不是卖珠宝。现在世人发表言论，都喜欢讲些巧妙华美的言辞，而国君也喜欢听却忽略了它的作用。墨子的言论则不然，他所传授的是先王的道术、圣人的意旨，如果太注重修饰言辞，恐怕大家只会喜欢他言辞的华美，而忘了他原来的本意。为了华美的言辞，却损害了实用的价值，这样和秦穆公嫁女儿、楚人卖珠宝有何不同呢？所以墨子的言论大多朴实无华。"(《韩非子·外储说左上》)装饰过度的言辞往往让人沉迷它的巧妙，而容易忽略它原本的作用。譬如许多政客为了实现他的政治利益，不惜用似是而非的言辞欺骗民众，民众若一时受诱惑而不察，往往会深蒙其害。

历久弥新说名句

宋朝有位年轻的举人魏鹏举，才刚娶了美娇娘，就上京赶考，临行前，娇妻叮咛他说："不管考得如何，务必早点回家，千万别忘了我。"魏生回答："放心，我一定会高中回来的。"到了京城，果然一举成名，高中榜眼，于是写了一封家书，并派家仆回乡迎接家眷入京，信末还写了一行："我在京中无人照管，已讨了一个小老婆，专候夫人到京，同享荣华。"魏生的新婚妻子看完信后，皱着眉头抱怨说："官人怎么这样负心？才刚高中，就娶二夫人。"家仆说："小人在京，并未见有此事。想必是官人戏谑之言。"夫人听了，于是命人准备行囊，然后也写了一封家书，派人先送到京城给魏生。魏生拆开信，只见信内写着："你在京中娶了一个小老婆，我在家中也嫁了一个小老公，不久便同赴京师。"魏生见了，知道是夫人取笑的话，并不在意。这时，正好与魏生同榜登科的好朋友来拜访魏生，闲聊之余发现了这封家书，魏生措手不及，红了脸说："因小弟戏谑了她，她便取笑写来的。"那人呵呵大笑。不久，这件事便传遍了京城。有一群嫉妒魏生的人，便将这件传闻中的事情上奏给皇帝，还故意谮曰："魏生年少不检，不宜担任重要的职务。"魏生因此被外放，从此仕途一蹶不振。为了一时戏言，却断送了大好前程，魏生后悔莫及。(《醒世恒言·十五贯戏言成巧祸》)

与人善言，暖于布帛；伤人之言，深于矛戟

名句的诞生

憍[1]泄[2]者，人之殃也；恭俭者，偋[3]五兵[4]也。虽有戈矛之刺，不如恭俭之利也。故与人善言，暖于布帛；伤人之言，深于矛戟。故薄薄[5]之地，不得履之，非地不安也，危足无所履者，凡在言也。巨涂[6]则让[7]，小涂则殆，虽欲不谨，若云不使。

——《荣辱篇》

完全读懂名句

1. 憍：音"jiāo"，骄傲。

2. 泄：同"媟"，轻慢。

3. 偋：音"bǐng"，却除、摒除。

4. 五兵：五种兵器。《周礼·司兵注》："五兵，戈、殳、戟、酋矛、夷矛。"

5. 薄薄：广大的样子。

6. 涂：同"途"，道路。

7. 让：音"rǎng"，通"攘"，意即扰攘。

语译：骄傲轻慢，是人的祸殃；恭敬勤俭，则可摒除五种兵器的灾祸。虽然戈矛锋利可以刺伤人，却不如恭敬勤俭来得深入人心。所以给人好的言语，比布帛更令人温暖；伤害人的言语，则比用矛戟伤害人更深刻。因此在广大的地方，却不能自在行走，并不是因为该地不够安靖的缘故，而是因为他出言不慎，反而害了自己不能处身于该地。大路人多而扰攘，

小路人少而危殆，虽然想要不谨慎，事实也不能使他如此啊！

名句的故事

有一次，子路将远行时，向孔子辞别。孔子问他："我是送你车子好呢？还是送你言语好呢？"子路回答："请老师用言语教导我。"于是孔子对他说："不坚强就不能行远，不勤劳就不会成功，不忠诚就没有亲信，不信实就无法实践，不恭敬就得不到别人的礼遇。只要能够对这五点谨慎行事，就可以长久了。"（《说苑·杂言》第三十四章）适时的忠告，远比舒适的物质享受更为受用，子路明了老师问话的用意，所以选择了对自己有利的忠告。

庄周曾经穿着一件补缀过的粗布大衣，用麻绳拴着破鞋，来见魏王。魏王吃惊地问道："您为什么如此狼狈呢？"庄周回答："我只是贫穷，不是狼狈。读书人不能躬行道德，那才是狼狈；而穿着粗衣破鞋，只是贫穷，因为没有遇到圣明的时代罢了。现在处在君昏臣乱的世道中，想要不狼狈，又怎么可能呢？像比干被剖心就是明证啊。"（《庄子·山木》）魏王轻蔑的问话，无疑深深打击了庄周的自尊心，因此，庄周才会义正辞严地加以否认。

庄周也因为家里贫穷，所以向监河侯借米，不料监河侯却说："好啊，等我收了税金以后，就借你三百金，可以吗？"庄周听了，愤怒地变了脸色说："昨天我来的时候，路上有人叫我，我回头一看，原来在车轨里有一条鲋鱼。我问它：'鲋鱼啊，你为什么在那里呢？'鲋鱼回答：'我是东海的水族。你现在有没有一点点水可以来救我呢？'我说：'可以。我就

163

要到南方游说吴、越两国，到时候再引西江的水来迎救你，可以吗？'鲋鱼气得变了脸色说：'我离开了水，只求有一点点水来活命，而你这么说，还不如早点到鱼市场来找我吧！'"（《庄子·外物》）面对监河侯无关紧要的允诺，庄周也只能闷着气假借寓言来讽刺监河侯看似冠冕堂皇的推诿借口了。

历久弥新说名句

齐威王即位后，有九年的时间不问政事，于是，其他诸侯国都趁机欺侮齐国。朝中有位大臣周破胡也趁机专权擅势，凡是贤良的，他都诽谤；不贤良的，他反而称赞不已。

齐威王的嫔妃虞姬向威王劝谏："周破胡是个进谗诽谤、阿谀奉承的臣子，一定要贬逐他。齐国有个北郭先生，贤明有才，则可以做您的左右大臣。"周破胡知道后，十分怨恨虞姬，便散布流言蜚语："虞姬曾与北郭先生私通。"威王因此对虞姬起了疑心，将她禁闭于九层高台，并派官吏去审讯。周破胡特意贿赂办案官吏，务必根究虞姬的罪，最后办案官吏捏造供词，呈报给威王。

威王看了供词，并不满意，于是亲审虞姬。虞姬回答："我有幸成为您的嫔妃已经十多年，本来我是以诚恳的心，希望说句有益于国事的话，不料却反被奸臣诽谤诋毁，蒙受莫大的冤屈，没想到您还肯召见我。如果我有罪过的话，其一是因为我不懂得避嫌。我听说玉石就算掉在污泥中，也不会有人认为它污秽；柳下惠怀抱受寒的女子，没有人认为他淫乱。可见良好的印象是日积月累的结果，这样才不会被怀疑。所以当路过瓜田时应避免弯腰整理鞋子，路过李园时应避免举手整理帽子才对。其二是当我蒙受冤屈后，却无人替我辩白申冤。我听说寡妇哭城，城墙为之崩倒；亡士叹市，市民为之罢市。而我却连替自己辩白的机会都没有。既然我有了不名誉的污名，又有了这两项罪过，按理是不能再苟活，也不该再次申述意见，不过，我还是希望能告诫您：群臣中行奸作恶的，以周破胡最严重，如果您再不予以惩罚的话，齐国恐怕就很危险了。"齐威王终于觉悟，立刻释放虞姬，杀了周破胡，并率兵收复诸侯侵占的土地，令齐国人民大为震惊，从此恪尽职守，不敢再掩饰错误，齐国也因此强盛。(《列女传·辩通传》第九)

周破胡散布不实的谣言，差点让虞姬蒙冤而死；而虞姬恳切的肺腑之言，终于打动齐威王，也让齐国得以强盛。由此可见，"与人善言，暖于布帛；伤人之言，深于矛戟"，言语的威力，实在不容小觑。

赠人以言，重于金石珠玉

名句的诞生

凡人莫不好言其所善，而君子为甚。故赠人以言，重于金石珠玉；观人以言，美于黼黻文章[1]；听人以言，乐于钟鼓琴瑟[2]。

——《非相篇》

完全读懂名句

1. 黼黻文章：衣服上炫丽的花纹。古代礼服上的彩色花纹，黑白相间的叫黼，青黑相间的叫黻，青赤相间的叫文，赤白相间的叫章。黼黻：音"fǔfú"。
2. 钟鼓琴瑟：指乐器，这里用来比喻好听的音乐。

语译：凡是人没有不喜欢谈论好的事物，君子更是如此。所以君子赠送善言给别人，因为它比金银珠宝还贵重；观察别人所说的好话，因为它比礼服上的炫丽花纹还漂亮；聆听别人的好话，就好像沉醉在美好的音乐声中。

名句的故事

荀子认为，人之所以为人，是因为与其他万物有所区别，例如有亲人间的情谊、有男女之分，而最大的不同就是人类社会具备礼法，还有能作为表率的圣王。圣王有百个，要效法哪一个呢？简单来说，礼制、法度都会随着时代的久远而逐渐被遗忘。因此要了解圣王的政绩就要跟随"后王"，后王就是当代国家的君王，而要了解过去的礼制、法度，就要靠社会上最宝贵的君子。

但有人以为，古今状况各不相同，我们对于没有见过的事物，都有可能被蒙骗，更何况是几千年前的事情，谁说君子就不会欺瞒群众呢？荀子对此有所解释，君子是用人来衡量人、用实情来衡量实情、用相同的状况来判断相同的状况、用道理来观察一切。所以，君子面对不端正的事，不会迷失；面对杂乱的状况，不会疑惑。

君子的明智判断就是荀子要表达的"非相"，君子不用事物的表象去了解事物，而是用征象、发展等等来理解，因此可以透彻认识圣王的道理、礼制与法度的真义，不符合先王思想、不遵循礼义的言论，即使说得再好，君子也不会听。

历久弥新说名句

要皇帝下"罪己诏"可不是一件容易的事情。中国古代文化有个惯例，遇到天灾人祸不断、无法立即平息时，就表示上天对人间君王品德的不信任。封建君王遇到这种状况，就是认错，要下"罪己诏"、向天下百姓认错。

唐德宗时，为了抑制各地节度使的势力，不惜对藩镇用兵。先前，唐玄宗的安史之乱早已重创大唐基业，哪里再经得起唐德宗的穷兵黩武？而且唐德宗宠信宦官，任由宦官剥削民脂民膏。战乱、人祸、天灾，当时的翰林学士陆贽便劝德宗下诏罪己，但是德宗不肯，后来勉强同意后，却又不愿意在罪己诏中自我批评。

陆贽便说："动人以言，所感已浅，言又不切，人谁肯怀？故诚不至者物不感，损不极者益不臻。"（《旧唐书·陆贽传》）用言语去影响别人，所能被感受到的已经很浅薄了，如果言辞又不真切，又有谁会被感动呢？因此没有诚心诚意，就不会打动别人，如果不极力批评自己，就不会达到效果。

德宗最后妥协，让陆贽在罪己诏中火力全开，剀切（恳切）承认自己罪孽深重，对不起上天、祖宗、人民，并愿意承担导致天下大乱的责任。结果，这篇深自痛责的诏书感动了天下人。看来，"动人以言"需要的也是"善言"。

名句的诞生

信[1]信，信也；疑[2]疑，亦信也。贵贤，仁也；贱[3]不肖[4]，亦仁也。言而当，知也；默而当，亦知也；故知默犹知言也。故多言而类[5]，圣人也；少言而法[6]，君子也；多少无法，而流湎[7]然，虽辩，小人也。

——《非十二子篇》

完全读懂名句

1. 信信：第一个信字做动词用，第二个信字做名词用，意谓相信可相信的事物。

2. 疑疑：第一个疑字做动词用，第二个疑字做名词用，意谓怀疑可怀疑的事物。

3. 贱：轻视。

4. 不肖：不贤。

5. 类：法式、模范。

6. 法：模范。

7. 流湎：放纵无节制。

语译：相信可以相信的，固然是信；但怀疑值得怀疑的，也是信。尊重贤人，固然是仁；但轻视不贤的人，也是仁。言论若是适当，固然是智；但沉默得当，也是智；所以知道何时该沉默，就和知道如何发表言论是一样重要的。因此，言论多而合于理法，是圣人；言论少而合于理法，是君子；言论多少都不合于理法，放纵不知节制，虽然巧辩，也只是小人。

言而当，知也；默而当，亦知也；故知默犹知言也

名句的故事

　　有一次，司马牛向孔子请教怎样做才是实践仁德。孔子说：
"有仁德的人，说话谨慎，会有所忍耐而不轻易说出口。"司
马牛反问："说话有所忍耐不轻易说出口，这就算是仁了吗？"
孔子说："做的时候既然很难，那么说的时候又怎能毫不考虑
就轻率说出口呢？"（《论语·颜渊》）所以孔子最讨厌整天言
不及义的人，他认为君子应"讷于言，而敏于行"，因此，当
子张向他请教如何求得功名利禄的方法时，孔子便说："多听
别人说的，放下自己的疑虑；对于自己有把握的部分，也要
谨慎地说出，就会减少犯错的机会。多看别人行事，放下自己
认为不妥的地方，对于自己有把握的部分，也要小心行事，就
会减少后悔的机会。说话少犯错，行事少后悔，那么禄位就在
其中了。"（《论语·为政》）

　　能够话说得漂亮且恰到好处的人，固然是智者；但是，能
够忍耐而不轻率发表意见的人也是智者，因为他懂得选择适当
时机不发言啊！

历久弥新说名句

　　明崇祯年间，浡泥国张朝唐因仰慕中华文物，随着教书先
生，带着书童来到漳州准备应试。三人从厦门上岸，突然一群
盗贼涌上来，不由分说，便将教书先生杀了。张朝唐主仆幸好
识得水性，跳水逃命，才免了一刀之厄。两人在乡间躲了三日，
决定从陆路西赴广州，再乘海船出洋，急速回家。

　　这一日山道崎岖，天色渐晚，主仆两人来到一个小市镇，

想找个客店借宿，哪知道市镇上静悄悄的一个人影也没有，似经盗匪洗劫。两人再也不敢停留，急忙上马向西，行了十几里，天色全黑，又饿又怕，正狼狈时，见两间茅屋透着火光，张朝唐想到窗口往里窥探，忽然一只狗大声吠叫，一个老婆婆走了出来，手中举着一盏油灯，颤巍巍地询问是谁。张朝唐道："我们是过路客人，想在府上借宿一晚。"老婆婆微一迟疑，道："请进来吧。"张朝唐走进茅屋，见屋里床上躺着一个老头，不断咳嗽。张朝唐问道："前面镇上杀了不少人，是什么匪帮干的？"老头儿叹了口气，道："什么匪帮？土匪有这么狠吗？那是官兵干的好事。"张朝唐大吃一惊，道："官兵怎么会这样无法无天？他们长官不理吗？"老头儿冷笑一声："长官？长官带头干呀，好的东西他先拿，好看的娘们他先要。"张朝唐道："老百姓怎不向官府去告？"老头儿道："告有什么用？你一告，十之八九还赔上了自己性命。"张朝唐道："怎么说？"老头儿道："那还不是官官相护？别说官老爷不会准你状子，还会把你打一顿板子且收了监。若你没钱孝敬，就别想出来啦。"张朝唐不住摇头，又问："官兵到山里来干吗？"老头儿道："说是来剿匪杀贼，但往往捉不到强盗，却乱杀些老百姓，提了首级上去报功，好升官发财。"那老头儿说得咬牙切齿，又不停咳嗽。老婆婆不住地向他打手势，叫他别说了，只怕张朝唐识得官家，多言惹祸。张朝唐听得闷闷不乐，想不到世局败坏如此，心想："爹爹常说，中华是文物礼仪之邦，王道教化，路不拾遗，夜不闭户，人人讲信修睦，仁义和爱。今日眼见，却是大不尽然，还远不如浡泥国蛮夷之地。"（金庸《碧血剑》）

在乱世中，人人自危，深恐多言惹祸，正所谓"病从口入，祸从口出"。因此，能明哲保身，沉默自保，便不轻易开口，然而仍有许多忠贞之士，明知直言进谏容易招致灾祸，却还选择抗颜直谏，即使牺牲性命也在所不惜，为的就是唤醒君主的昏昧，如遭流放的屈原，虽然有着"宁正言不讳，以危身乎？将从俗富贵，以偷生乎？"的困惑，不过最后还是借着太卜郑詹尹的口说出"用君之心，行君之意"，情愿择善固执，自沉汨罗江以明志。

名句的诞生

不闻不若闻之，闻之不若见之，见之不若知之，知之不若行之，学至于行之而止矣。行之明也[1]，明之为圣人。圣人也者，本[2]仁义，当[3]是非，齐言行[4]，不失豪厘[5]，无它道焉，已[6]乎行之矣。

——《儒效篇》

完全读懂名句

1. 行之明也：实践就能通达事理。

2. 本：以……为本。

3. 当：符合。

4. 齐言行：言行相符。齐：齐一、不相违背。

5. 不失豪厘：没有一丝一毫的差错。豪厘：比喻极小，同"毫厘"。

6. 已：止。

语译：未曾听见不如听见，听见不如看见，看见不如知道，知道不如实践。学习要到能够实践才可停止。能够实践就能够通晓事理，通晓事理就是圣人。圣人之为圣人，本于仁义，合乎是非，言行相符，没有一丝一毫的差失，没有其他途径，圣人也是止于实践。

名句的故事

在《庄子》中有一个知名的故事：秋天的时候，许多小河小溪的水流都

不闻不若闻之，闻之不若见之，见之不若知之，知之不若行之，学至于行之而止矣

汇聚到黄河，使得黄河水位暴涨，而水面也辽阔了许多。掌管黄河的水神河伯见到这种情形，很是得意，自以为黄河已是天下最大的水流了。等到河伯顺着水流来到北海，才见到北海的水比起黄河来，不知要多出多少，于是河伯对着掌管北海的水神北海若叹了一口气，说："如果我不是亲眼看到的话，自以为了不起的我，只怕会被其他有识之士所取笑吧！"

这就是"不闻不若闻之，闻之不若见之，见之不若知之"。庄子所说的故事，在北海若"超越小大、各安天性"的论述中戛然而止。荀子不知道有没有听过这个故事，如果听过的话，不知会有什么想法？

庄子没有让河伯去向北海若学习成为大海的方法，因为他知道，河流不会成为大海，而且，河流也没有必要成为大海，河伯只要不自以为大就够了。小大各安其性，这是庄子思想的特色之一。

然而，荀子不是庄子，两人的学说性格有着极大的差异。假如代古人立言的话，重视实践的荀子或许会说："人和河流不一样。河流固然不能成为大海，但是，常人是可以成为圣人的。"

可惜荀子不像庄子那么喜欢编故事、说寓言，不然，我们说不定还可以听到北海若的口中说出"河海不择细流，故能就其深"这类的话。

历久弥新说名句

不闻不若闻之。那只住在井里的青蛙，不过是没有听过井外的世界而已，就从庄子的时代开始，一直被笑到两千多年以后的现代。

闻之不若见之。在苏东坡时代的那位盲人，听说太阳像铜盘一样是圆的。他敲了敲铜盘，发出当当的声响。所以当他听到当当的钟声，竟说："这是太阳的声响。"后来，他又听说太阳像蜡烛一样是亮的。他摸了摸蜡烛，感觉到蜡烛的形状是长长的。后来当他摸到和蜡烛外形相似的笛子，他还以为摸到了太阳。像这样一个可怜人，也被笑了将近一千年。至于那几个摸大象的可怜盲人，就更不用提了。

盲人是因为身体的残缺，所以看不到事情的真相；但那些有眼睛却不愿看的明眼人，可说是眼未盲而心盲，比起真正的盲人，更令人感到可悲。

不过，眼见不一定为凭。人们看着脚下所踩的地球几百万年，除了几位少数的智者外，大部分的人还是以为地是平的，非得要有人绕行地球一圈才肯相信地球是圆的。所以说，见之不若知之。

不过，知道是一回事，做到又是另一回事。见过太多只会说不会做的人以后，孔子沉痛地说："始吾于人也，听其言而信其行；今吾于人也，听其言而观其行。"认为听到对方所说的全都是对的，也要看看他做的是不是对的。不然，谁知道对方是不是战国时代的赵括，纸上谈兵说得头头是道，但打起仗来，却让四十万名士卒枉送了性命。

道明禅师说："如人饮水，冷暖自知。"即使精确知道水温多少度，也总要亲自去触碰，亲自去尝，那感觉才真实。道德的实践尤其如此。

圣人也者，人之所积也

名句的诞生

涂之人[1]百姓，积善而全尽[2]谓之圣人。彼求之而后得，为之而后成，积之而后高，尽之而后圣。故圣人也者，人之所积也。

——《儒效篇》

完全读懂名句

1. 涂之人：指市井小民。涂，通"途"。
2. 全尽：尽善尽美。

语译：虽是市井的平常百姓，能够积善行而达到完美境界的，就可以称为圣人。追求就可以得到，实践就可以成功，累积就可以高明，达到完美境界后就可以成为圣人。所以圣人是人累积善行而成的。

名句的故事

荀子说："涂之人可以为禹。"孟子也说："人皆可以为尧舜。"圣贤虽然都这么说了，但是不相信的人还是很多。于是大部分的圣贤乃至英雄全都成了天纵英才，不是星宿投胎，就是神兽转世，出生时祥光满室者有之，孩提时聪慧过人者有之，总而言之，圣人之所以为圣人，绝对是从小时候就可以看出来的。

千百年来，人们对孔子奉若神明，就算不为他塑像，也是把他僵化成庙里的牌位或书中的铅字。他们不知道，孔子其实不曾把自己看成高不可攀的圣人。"我非生而知之者"这句话是孔子亲口所说，而孔子之所以能成为圣人，靠的是学习与实践。而这两件事，再平凡的人也能做到。

荀子说："圣人也者，人之所积也。"真能明白这个道理，就不用再把圣人视为遥不可及的梦想。不只是成为儒家的圣人，如果想成为各个领域的顶尖者，都该抱持这样的观点。

历久弥新说名句

孔子说："唯女子与小人难养也！近之则不逊，远之则怨。"对于这样一句带有歧视女性意味的话语，古人固然不以为意，但在女权高涨的现代社会中，这句话就显得格外刺眼，也因而招来不少挞伐之声。

为了合理化孔子的说法，于是有人说，话里的"女子"指的是"近之则不逊，远之则怨"的女子，不是所有的女子。有人说，这句话是有针对性的，批评的是卫灵公的宠妃南子。也有人说，"难养"两个字是指女子难以养家糊口。甚至有人说"唯女子与小人难养也"这句话根本就不是孔子说的，而是出于后人的伪作。

平心而论，"唯女子与小人难养也"为什么不能是孔子说的？这句话为什么一定不是对女性的批评？或许，我们该问，为什么孔子不能说错话？

在孔子的时代，女性是没有社会地位的，可能就是在那样的时代背景下，孔子不自觉地说出歧视女性的话。说不定，这只是孔子在和妻子吵架后，一时的激愤之言。

荀子以为"圣人也者，人之所积也"，所谓"积"，就是学习与实践的过程。在学习的过程中，完全不犯错几乎是不可能的，重点在于，下次会不会再犯同样的错？

常言道："人非圣贤，孰能无过？"这话还不够完整，应加上："便是圣贤，也曾犯错，只是圣贤无二过。"只要累积"无二过"的功夫，长此以往，虽不能成圣，亦不远矣！

名句的诞生

此五等者，不可不善择也，王霸安存危殆灭亡之具也。善择者制人，不善择者人制之；善择之者王[1]，不善择之者亡。夫王者之与亡者，制人之与人制也，是其为相县也[2]亦远矣。

——《王制篇》

完全读懂名句

1. 王：称王。

2. 县：通"悬"，差别很大。

语译：这五类行事方法，不可以不善加选择，这是称王、称霸、安存、危险、灭亡的条件。善于选择的人能够制服他人，不善于选择的人被他人所制服；善于选择的人能够称王，不善于选择的人会灭亡。称王的人和被灭的亡者，能制服他人的和被他人制服的，其中的差别是很大的。

名句的故事

治理一个国家，有五种状况：称王、称霸、安存、危殆、灭亡。不同的统治状况，取决于不同的统治态度。

第一种统治态度是斥退奸巧之人，任用贤能之士。使刑法公平，百姓和睦，兵强城固，经济繁荣。如此一来，

善择者制人，不善择者人制之；善择之者王，不善择之者亡

就能像周公征伐四方一样顺利。当周公征伐东方时，西方的人会埋怨说："为什么不先来征伐我们呢？"当他征伐南方时，北方的人也会埋怨说："为什么不先来征伐我们呢？"这些人哪里是喜欢被攻打呢？这是因为周公征伐的目的在于解救不是杀戮。用这样的态度治国，国家就能称王。

第二种统治态度是任用能人，充实府库。别国在征战攻伐中浪费兵器及粮食，我国却在休养生息中培养势力；别国的君臣互相猜忌，我国的君臣能互相亲厚。用这样的态度治国，国家就能称霸。

第三种统治态度是照常理做事，按规矩用人，对待百姓也能宽厚慈惠。用这样的态度治国，国家至少也能安然生存。

第四种统治态度是轻佻随便，行事多疑，喜欢任用狡诈之人，又时常侵夺百姓的财产。用这样的态度治国，国家就很危险了。

第五种统治态度是骄傲蛮横，任意胡为，任用官吏时常用奸险之徒，对待百姓时，又不曾顾及他们的生命，非但不注意农事，还课以重税。若是用这样的态度治国，国家就一定会灭亡。

荀子见到有的国家能称王称霸，有的国家却危殆灭亡。那些危亡的国家，并不是因为他们的君主智巧不如人，而是他们的君主不懂得选择正确的统治态度，所以他说："善择者制人，不善择者人制之；善择之者王，不善择之者亡。"

历久弥新说名句

厌恶醉酒就不要喝酒，这是浅显易懂的道理；希望国家强盛，就要善用人才、善待百姓，这个道理也不难了解，因为历史上有太多例子足以证明。没有人不希望自己的国家强盛，但就有些统治者偏偏喜欢信任小人，偏偏喜欢压榨百姓，其中的道理何在？

其中一个重要的原因是，即使他们的作为相同，他们也不相信自己会像历史上其他失败者一样。世上永远有例外，就像是坏事做尽的盗跖仍能寿终正寝，品德高洁的伯夷、叔齐却要饿死在首阳山上，他们的例子并不符合善有善报，恶有恶报的历史常态。于是，当有人告诉他们正确的道理时，他们会说盗跖如何如何，伯夷、叔齐又如何如何，他们只愿意相信例外，他们坚持认为自己就会是那个例外。

不过，例外终究是少数。从高处摔下来，大部分人都会受伤，但就是会有人毫发无损；毫发无损的人就是例外。大多数做坏事的人会遭到报应，但还是会有人逍遥法外；逍遥法外的人也是例外。做选择时应该注意的是常态，而不是例外。

生命是一连串是与非的选择。在试卷上，选错了就会扣分，选对了才会得分。但是也有例外，也许是阅卷者看错了答案，也许是出题者出错了题目，反正选错了答案的人还是会有可能得分。

不过，为非作歹的人就像是在试卷上胡乱作答的学童，也许会碰到一两道送分题，但是想要得到高分，甚至只是要求及格，却是不可能的。任何人在生命的试卷上做选择时，都应该想到这一点。

以疑决疑，决必不当

名句的诞生

水动而景[1]摇，人不以定美恶，水势玄[2]也。瞽者仰视而不见星，人不以定有无，用精[3]惑也。有人焉，以此时定物，则世之愚者也。彼愚者之定物，以疑决疑，决必不当。夫苟不当，安能无过乎？

——《解蔽篇》

完全读懂名句

1. 景：通"影"。

2. 水势玄：水势使人目眩。玄：通"眩"。

3. 精：目明。

语译：水一动影子就摇动，人们不会以此来决定影子的美丑，这是因为水势使人目眩。盲人抬头看不见星辰，人们不会以此来决定星辰的有无，这是因为盲人的眼睛有问题。如果有人在这个时候决定事物，那么他就一定是世上最愚笨的人。愚笨的人决定事物，是以疑惑来决定疑惑，所决定的事一定是不恰当的。决定不恰当，又怎能没有过错呢？

名句的故事

　　清末民初，河南鲁山县有一个知名的拳师，名叫张根，体格魁梧，仗义好勇，时常出手击毙那些他眼中的为非作歹之徒，人称"回师炉"，意思是说让那些人把所学还给师门，并回炉烧成骨灰。

张根因为杀人太多，所以常遇人埋伏报复，但他自恃武功高强，不以为意。有一天傍晚，天色昏暗，加上山中起了大雾，所以视野不明。张根看到路边有半截枯死的大树，误认为有人要袭击他，就立即施展出拳法中的"靠"法，以全身之力向大树撞去，结果被粗枝洞穿肺部而死。死时还不到三十岁。

荀子说："凡观物有疑，中心不定，则外物不清，吾虑不清，则未可定然否也。"意思是说，当心中仍有疑虑时，就不能决定是非可否。他以夜行的人为喻，说人们在黑暗中往往会把巨石误认为伏卧的老虎，把大树看成站立的人。张根就是一例。

张根所犯的错误并不是在攻击大树那一刻才开始，而是从他打死第一个人开始。他自以为伸张了正义，但他心中确实知道什么是正义吗？一个人犯了罪，总要经过法院再三审理，才能明白真相，也才能决定处罚的方式。张根只是凭借着自己的双眼双耳就决定了别人的生死，又岂能不犯错？就拿路边的大树来说，莫说那是大树，就算它是个真人，也没有攻击张根的意图，张根却痛下杀手，不管死的是谁，能说是正确的决定吗？

荀子说"以疑决疑，决必不当"，说的就是张根这一类的人。

历久弥新说名句

愚者决定事情，往往受限于虚幻的外在，这是所谓的"以疑决疑"。这在逻辑学上有个说法，即"前提"为假，则"推论"

不能成立。

什么是"前提"？就是支持结论的语句。例如凡是赵国人都是中原人，荀子是赵国人，所以荀子是中原人。支持"荀子是中原人"这个结论的"前提"是"赵国人都是中原人"和"荀子是赵国人"这两个说法。只要不是所有的赵国人都是中原人，或者荀子不是赵国人而是其他国家的人，那么"荀子是中原人"的推论就没有意义，就算荀子真的是中原人，那也不是推论所得。

由两个前提推出一个结论，这是逻辑学的"三段论法"。"三段论法"运用得宜，可以推知许多道理；运用不当，则会得到似是而非的答案。如墨子的"杀盗非杀人也"，以现在法治、人权的观点来看，这个说法就有问题。

墨子认为杀人是错误的行为，杀盗贼却不是错误的行为，所以杀盗贼不等于杀人。墨子的说法犯了几个错误，首先，"杀人是错误的行为"这种说法有问题，军人在战场上杀敌，刽子手在刑场上执行死刑，都是杀人，却不是错误的行为。"杀盗贼不是错误的行为"也是错误的说法，盗贼被杀，罪行必须先确定，执法者必须是刽子手，执法地点必须是在刑场，执法的时间也必须按照规定，少一个条件，都不能算是正确的行为。墨子据以推论的两个前提都错了，结论自然是没有意义的。

人世间有许多似是而非的道理，必须一一加以厘清。例如：男性和女性一天都只有二十四小时可以工作，已婚女性必须挪出时间照顾家庭，所以已婚女性不适合工作。其实第一个前提固然没错，但是，人不是二十四小时都在工作，工作质量的好坏不是单看时间就可以决定，更何况，照顾家庭又岂只是女性的责任。所以，适不适合工作，只看能力及工作需求而定，与已婚未婚和男性女性并不一定相关。

名句的诞生

君子之言，涉然而精，俛然而类，差差然而齐。彼正其名，当其辞，以务白其志义者也。

——《正名篇》

完全读懂名句

语译：君子的言论，会融入智能且用语精确，会就语言本身去分类用词，会把语词区分清楚，并统一使用。君子会调整名称，用恰当的言辞，力求表达出他自己的想法和行为。

名句的故事

　　君子说话的用词与名称，能有名实相符的表达，足以让人们了解话中所要呈现的真相。如果说话不守礼法、不切实际，那就是奸诈邪恶的行为。一旦说话用语背离了"名副其实"的原则，就可说是言语迟钝，君子最唾弃这样的状况，但愚蠢的人却当作是自己的利器。换句话说，愚昧的人言辞粗糙、艰涩却不优雅，还背离名称该有的意义，因为愚昧的人喜欢乱用词汇，也说不明确。而聪明人说出来的话，很容易被人领会、了解、掌握。

君子之言，涉然而精，俛然而类，差差然而齐那么，君子的话为何能够这么得体、明确表达出语言的内涵呢？荀子认为，这是因为君子遵从"道"的缘故，而且说话的内容也不离"道"的原则。

荀子接着画出他认为的理想境界。他说，每一个人都会顺从自己所认可的价值，也会去除自己不认可的。如果一个人知道万事万物中就是"道"最好，他却不去遵循"道"，这是不可能的事情。"道"不会因为人不去遵循而有所变化。所以，有智慧的人只选择谈论"道"，而视野窄小的文人就只会卖弄文辞。

历久弥新说名句

"君子之言"在道理上可是正正当当、妥妥善善，是教化平民百姓的最佳典范。但是"君子之言"一旦扯到皇帝的脸面，这可就不见得具备正当性或是妥善性了。我们可以从历史上的"文字狱"了解"君子之言"可能受到的待遇。

首先，就是秦始皇，不仅是可以开口的君子之言，或是已经成为文字的君子之言，都在秦始皇决定排除异己的政治思想的同时，遭到毁灭，一者是"坑儒"，另一者是"焚书"，这两者都为中华文化带来无法挽回的浩劫。

汉朝史家司马迁，因为替投降匈奴的李陵说了几句话，恰巧这些话对汉武帝来说很刺耳，因此被视为对皇帝不敬，后来不仅李陵全家被杀，司马迁更受到"宫刑"的耻辱。然而这次的羞辱，却让司马迁道出流传万世之言——《史记》呀！

清朝可说是文字狱最严重的时代。康熙二年庄廷鑨的明史案，是清朝开国以来第一宗文字狱，本案判刑时，庄廷鑨早就不在人世，因此庄廷鑨的刑罚就是被开棺焚尸。而为这本《明史》写序、刊刻、卖书的人，大约七十多人，亦都遭受株连。

名句的诞生

无稽之言，不见之行，不闻之谋，君子慎之。

——《正名篇》

完全读懂名句

语译：无可考察、验证的言论，没有见过的行为，没有听说过的计谋，君子都要慎重对待。

名句的故事

对每一事物"正名"的意义在于了解它们表达的真相与事实，使其名与实得以相符。这是社会安定、国家富强的重要基础。

荀子指出，刑法的名称是遵循商代所订定的；官爵的名称是遵从周代所制定的；节文的名称是遵从流传的仪礼；万物的名称，是依循华夏各国的既成习俗，融合其他地域的不同习俗而制定，并且在天下通用。换句话说，每事、每物皆有其名、有其根据。

君王已经确认万事万物的名称，并且施行天下，人民便有一致的认知。所以擅自更改这些名称、混淆它们的意义，使人们产生疑问，甚至导致争端，就是奸恶之人。为了避免社会的紊乱，圣明的君王会要求人民都要遵守同一制度。

身在春秋战国时代的荀子，觉得当时是圣王不出世、名臣不用世的时代，很多奇怪的名词都跑出来，这些名词没有与事实相符，所以会有是非不明、标准不一的状况，连官吏、文人也都会弄错。荀子也指出，名称本身并没有所谓的一定恰当，但都是大家共同约定的，只要成为习惯，就可说是恰当、真实；违反共同约定的名称，就叫作不恰当。

因此，听到这个事物的名称，就知道它的真相，这就是名称的功用；而违反大家的经验法则、毫无根据的言论、想法，就应该被制止，因为这会混淆视听、破坏秩序。

历久弥新说名句

大臣在劝诚君王时，通常会说："不询之谋勿庸，无稽之言勿听。"(《旧唐书·柳泽传》)"勿庸"就是"勿用"的意思，即没有经过征求众人意见的谋略不要采用，没有事实根据可以查证的言论不要听从；君王如果可以做到这点，那么"天下之化，人无间焉，日新之德，天鉴不远"，天下可以有教化，人们之间没有距离，每天都会有进步，上天的德行也会愈来愈近。

大臣也会劝谏说："断浮虚之饰词，收实用之良策，不取无稽之说，必求忠告之言。"(《旧唐书·薛登传》)拒绝不切实际的言论，采纳踏实可执行的策略，不选取没有根据的建议，务求真诚的建议。君王只要做到这点，就可以"循名责实"，用臣子所说的话判断这个人，用臣子所做的事情考察这个人，自然可以把无用之辈逐出朝廷，避免大臣中有侥幸之徒呀！

言语之美，穆穆皇皇；朝廷之美，济济跄跄

名句的诞生

言语之美，穆穆[1]皇皇[2]；朝廷之美，济济[3]跄跄[4]。

——《大略篇》

完全读懂名句

1. 穆穆：平和美好的样子。

2. 皇皇：盛大鲜明的样子。

3. 济济：整齐众多的样子。

4. 跄跄：行步威仪的样子。跄，音"qiāng"。

语译：把话说得很好，就会给人平和美好、盛大鲜明的美感；重陈列队在殿堂上议事的庄重景象，阵容盛大而且个个很是威武的样子。

名句的故事

这句名言是在告诉刚登基的天子该如何说话。诚如孔子说："言之无文，行而不远。"（《左传》）说话如果没有文采，就无法被流传很久。

本章亦提供天子登基后，各级百官应该提出治理国家的建议。

荀子说，天子登上王位时，群臣必然要为国家治理的方向献上计策。上

190

卿要天子培养忧患意识，因为能排除忧患就会带来幸福，不能
排除忧患就会有祸害。中卿要天子能够德配天地，在事情发生
之前要考虑发生的事能否承受得住，在灾祸发生之前能考虑灾
祸发生的可能性，就是预防。下卿则是进言天子要有敬重的态
度，要有戒慎恐惧的心情，因为灾祸是与福禄相互伴随的。

　　荀子还提到，大禹登基后，经过在耕田的人就会扶着车前
的横木，低头示意，经过有十来户人家的乡里，也会下车问候。
祭祀太晚、上朝太晚，都不符合礼制。君子符合礼制，才能用
礼制治理百姓，否则很容易就出错。

　　另外，还谈到要注意的朝仪，例如头与腰平齐的叫作
"拜"，头比腰部还要低的叫作"稽首"，头触到地上的叫作"稽
颡（sǎng）"；大夫的家臣见到天子，只拜，不稽首，这并不
是要尊重家臣，而是要避免大夫和天子接受一样的位阶之礼。

　　这些林林总总的规矩，居然让荀子写了大幅篇章，这是因
为战国时代的社会氛围充满功利主义，礼制已经崩坏，荀子正
打算抢救呀！

历久弥新说名句

　　本名句中的几个形容词，都是用于朝廷或君王身上的。《金
史》记载："穆穆皇皇，天子躬祀。群臣相之，罔不敬止。俎
豆毕陈，物其嘉矣。馨香始升，明神燕喜。"这是介绍天子祭
祀时的丰盛美好的景象。天子举止威仪，亲自祭拜天地，群臣
莫不恭敬地跟随君王祭拜，丰富的供品都摆设出来，当香烟袅
袅升起，神明也感到喜乐。

　　周朝在中国封建制度的前提下，每一个社会阶层的穿戴服

饰、举止礼仪，甚至是居家建筑，都有其既定的规范，这是每一种身份的表征，也是封建社会的文化秩序。《礼记·曲礼下》记载："天子穆穆，诸侯皇皇，大夫济济，士跄跄，庶人僬僬。"天子的威仪是深不可测的样子，诸侯的举止是庄重尊贵的样子，大夫的举止则徐缓有节度的样子，读书人的举止是潇洒豁达的样子，一般人的举止是匆匆忙忙的样子。这些行为举止的不同表现，就是社会阶级通过礼制规范所造就的。

名句的诞生

君子之学如蜕[1]，幡[2]然迁之。故其行效、其立效、其坐效，其置[3]颜色、出辞气效[4]。无留善[5]，无宿问[6]。

——《大略篇》

完全读懂名句

1. 蜕：动物所脱下的皮肤或外壳。如"蝉蜕""蛇蜕"。

2. 幡：与"翻"相通。

3. 置：措。

4. 效：仿。

5. 无留善：立即行善。

6. 无宿问：有问题立即问。

语译：君子的学习如同蝉蜕，一翻转即有改变。所以他行动时仿效、站立时仿效、坐着时也仿效，他脸上露出的颜色、口出辞气时仿效。善行立刻即行，有问题立刻提问。

名句的故事

　　证严法师的《静思语》提到"行善行孝要实时"，实时行孝是为了报父母恩，实时行善为了报众生恩。佛教劝人行善，同时又"防患于未然"地劝人止恶，否则就像无底的水桶，永远是灌不满的。因此佛法首先劝人不要杀生和食肉，以养仁德。实时行善，是生活中的上策，《周易》有言："积善之家必有余庆，积不善之家必有余殃。"亦是劝人应该要行善，多行善事才能有福泽啊！

　　而在基督的世界里，亦是劝人为善，《箴言》里说道："你手若有行善的力量，不可推辞，就当向那应得的人施行。"鼓励基督徒要多施舍，要给那应得的人。《提摩太前书》对那些富足的人说："你要嘱咐那些今世富足的人，不要自高，也不要倚靠无定的钱财；只要倚靠那厚赐百物给我们享受的神。又要嘱咐他们行善，在好事上富足，甘心施舍，乐意供给人，为自己积成美好的根基，预备将来，叫他们持定那真正的生命。"因为神叫我们凡事富足，是为了让我们可以多多施舍，不要让属天的祝福堵塞在我们身上！《哥林多后书》对于行善记载着："神能将各样的恩惠多多地加给你们，使你们凡事常常充足，能多行各样善事。如经上所记：他施舍钱财，赒济贫穷；他的仁义存到永远。那赐种给撒种的，赐粮给人吃的，必多多加给你们种地的种子，又增添你们仁义的果子；叫你们凡事富足，可以多多施舍，就借着我们使感谢归于神。"鼓励行善的言语，在圣经里多次出现，可见神期待他的子民能多多积善啊！

　　不论宗教、不论信仰，行善永远不嫌少，行善永远要实时！

历久弥新说名句

　　刘备在白帝城托孤，临死前对刘禅说了这段话："勉之！

勉之！勿以恶小而为之，勿以善小而不为。惟贤惟德，能服于人。"小可以为大，滴水可以穿石；小小一句话，可以使人生发菩提心；小小一句话，也可以断人性命；一言可以兴邦，一言也可以丧邦。

好慈大帝曾慈悲地说："小事办不好，大事更糟糕！"所有的大事，都是从小事慢慢累积而成；所有的行为能力与处事经验，都是由小累积而得。如果小事敷衍了事，大事怎么可能会慎重其事？因为已经习惯随随便便、马马虎虎，做事自然不会去注重细节。所以，做大事必须从小事开始培养，即所谓"勿以恶小而为之，勿以善小而不为"。传闻梁武帝的前身是一个樵夫，因为看见佛像淋雨，于是起善心拿了个斗笠遮佛身；又有一次拿了七块大石头，建造了七星桥，方便行人过河，由于这些善举，得到来世当皇帝的福报。

关尹子云："勿轻小事，小隙沉舟；勿轻小物，小虫毒身。"一个人的堕落往往是从一些小地方开始的。有个民间故事说道，一个人从小饱受溺爱，长大后犯下了滔天大罪，被判了死刑，行刑前，他要求再喝一次母亲的奶，疼爱孩子的母亲，心痛地把她的孩子拥入怀中，看着这位自己含辛茹苦拉拔长大的孩子，如同婴褓时期般吸吮她的奶。没想到这年轻人狠狠地咬了母亲，母亲痛得流泪气年轻人的不孝。没想到年轻人说："我今天会沦落到这样的下场，全都是你害的！因为从小你都没有告诉我，什么事是错的，什么是对的。我犯错了，你也从不纠正我，你只告诉我：'孩子不要怕！天塌下来一切有我。'现在我铸下大错了，我好恨啊！"然而再多的悔恨也来不及了。

君子赠人以言，庶人赠人以财

名句的诞生

婴闻之：君子赠人以言，庶人赠人以财。婴贫无财，请假于君子，赠吾子以言：乘舆之轮，太山之木也，示[1]诸檃栝[2]，三月五月，为帱菜[3]，敝[4]而不反其常。君子之檃栝，不可不谨也。慎之！兰本，渐于蜜醴[5]，一佩易之。正君渐于香酒，可谗而得也[6]。君子之所渐，不可不慎也。

——《大略篇》

完全读懂名句

1. 示：借为"置"，音"zhì"，意为安放。

2. 檃栝：矫正曲木的器具。后引申为矫正。《荀子·性恶》："故枸木必将待檃栝烝矫然后直，钝金必将待砻厉然后利。"或作"隐栝"。檃：音"yǐn"。

3. 帱菜：据杨倞荀子注，菜读为"zì"，指"毂"或"辐"。"毂"指在车轮中心的圆木；"辐"指车轮中连接车毂和轮圈的直木。

4. 敝：敝旧。

5. 渐于蜜醴：渐，浸泡。醴，甜酒。渐于蜜醴，浸于蜜醴之中。

6. 正君渐于香酒，可谗而得也：正直之君如受浸染，也可进谗而取得他的信任。

语译：婴我听人家说：君子赠给人以言辞，

庶人赠给人以财物。婴我家贫困没有财物，请假借为君子，赠你言辞。乘舆的轮子，是用太山的树木建造的，把树木放置于矫正曲木的器具上，弯成一定的弧度，经过三个月、五个月后，弧度固定了，然后做成车毂和车辐，直到毂辐敝旧为止，木头的规曲都不会再变回去。同样地，身为君子，对于行为的矫正不可以不谨慎。兰本，浸泡于蜜醴中，虽一佩可轻易为之，可是庶人也不去佩戴它；正直的君子如果常浸泡在甜酒似的甜言蜜语中，也容易被这些甜言蜜语所迷惑，所以君子对于逐渐被污染的环境，千万不可以不谨慎。

名句的故事

　　《史记·孔子世家》记载孔子问礼于老子，临去时老子赠言："吾闻富贵者送人以财，仁人者送人以言。吾不能富贵，窃仁人之号，送子以言。"用白话文来说就是"我听说富贵有钱的人送人钱财，仁义的人送人话语。我不是富贵人家，只好盗用仁人的名义，送些话给你吧！"

　　老子赠言给孔子，可以看作长者对后生晚辈的谆谆告诫，也提醒了我们：送人以财只能解决人一时的温饱，送人以言则能使人受益一生。历史上多少知名人物，像是秦桧，在世时争名逐利，叱咤风云，享尽了荣华富贵，死后却是骂名连连。而孔子，周游列国，一生贫困，未曾享有荣华富贵，但却在死后名垂青史，受人尊崇敬仰。从"仁人者送人以言"这句话中，不禁想起《左传》："太上有立德，其次有立功，其次有立言，虽久不废，此之谓不朽。""立言"能与"立德"和"立功"并列为三件永远受人景仰的不朽盛事，由此可见"赠人以言，重如珠玉"的力量了。

历久弥新说名句

风趣的纪晓岚流传下不少运用智谋解决难题的故事，光是赠人两句话就能打赢一场官司，平了冤屈呢！

一日，纪晓岚难得有空闲到乡间走一走，忽然听见有一家人哭哭啼啼的，原来这里住着一对小夫妻，男的叫邱八娃，长得粗粗壮壮，娶了个娇滴滴的老婆赵氏。没想到赵氏去洗衣时被村里的大财主汪砍山撞见，汪财主垂涎赵氏美貌，上前调戏。赵氏又怒又急，大声呼救，正巧邱八娃赶到，对汪砍山饱以老拳，这汪砍山平日娇生惯养的身子哪禁得住？瘫在地上动弹不得。

汪砍山仗着在京城做官的儿子有权有势，岂肯罢休？马上到衙门喊冤，说邱八娃行凶，企图谋财害命。这位邱八娃是个老实人，平日寡言木讷，要真到了衙门哪说得出话来？这对小夫妻不知所措，只能抱头痛哭。

纪晓岚听了胡子直翘，想了一会儿，叫邱八娃找来笔墨，伸出手来，两只手掌上各写了几个字，并对邱八娃说："你到了衙门，一句话也别说，县太爷问你，先举起左手；再问，就举右手，如果他问是谁写的？你就回他——纪晓岚。"

邱八娃按着纪晓岚的吩咐，当县太爷拍桌喊道："你狗胆包天，竟敢欺到汪老太爷头上？赶快从实招罪。"

邱八娃不作声，举起左手，县太爷一看，上头写着："我妻有貂蝉之美。"

县太爷继续往下问，邱八娃又举起右手，县太爷再看，上头写着："砍山有董卓之淫。"

县太爷一看，心想这汪砍山真的是无耻，活该挨打。但他又想到这汪财主的儿子若怪罪怎么办？左右为难间，突然想到这邱八娃怎可能想出这两句话，狠拍了一下经堂木问："说，这两句话是何人所写？"

邱八娃吞吞吐吐，老半天才挤出三个字："纪晓岚。"一听到这三个字，县太爷挥挥手，说："去吧！去吧！恕你无罪。"

就这样，两句话救了无辜性命。赠人以言，不仅重如珠玉，还抵得上宝贵生命。

君子疑则不言，未问则不立

名句的诞生

学问不厌，好士不倦，是天府也[1]。君子疑则不言，未问则不立[2]，道远日益矣[3]。

——《大略篇》

完全读懂名句

1. 天府：指所得非常多。

2. 立：王念孙认为"立"当为"言"。

3. 道远日益：远，指时间久了；道远，意思是为道的时间久了。益，增加；日益，意思为日益增加。

语译：学习时不倦怠于发问，勤学而不厌倦，将会收获非常的多。君子如果有疑问，则不会发表意见，没有问清楚、问明白，是不会发言的，为道久了，收获将日益增加。

名句的故事

君子疑则不言，若有疑则不耻下问。东汉著名学者荀淑，勤奋好学，不耻下问。有一次，他在旅途中遇到了黄宪，当时黄宪仅十四岁，既无名望也无地位，但荀淑在黄宪的谈话中发现黄宪的学问很好，有的地方甚至比自己懂得还多。荀淑不因自己的地位而摆高姿态，反而提出一些问题请教黄宪。黄宪的回答让荀淑十分佩服，两人愈聊愈开心，荀淑整整问了一天的问题，还舍不得离开。临别时还诚敬地尊称黄宪为老师。因荀淑不耻下问的精神，让他成为学问渊博的大家。

而至圣先师孔老夫子更是好问，《论语》记载孔子入太庙每事问，有人说："谁说邹人的儿子知道礼？入太庙问个不停。"孔子听到了，回答说："对于不明白的事情，总要问个明白，这才是礼的表现啊！"而当时卫国的一个大夫孔圉子死了，被谥为"文"，子贡不明白就去问孔子，孔子说："敏而好学，不耻下问，所以才谥为'文'。"

可见，"问"是多么重要的功夫。

历久弥新说名句

子曰："道听而涂说，德之弃也。"（《论语·阳货》）意思是说，在道路上听到的话，如果没有查证就随便传扬出去，简直是自弃其德，因此有德行的人是不会这样做的。

除了不道听途说，君子还应守着"不空谈"的态度。夸夸其谈的人，往往都是囊中空虚无物，若无真才实学，恐怕将沦为"沽名钓誉"之士。战国时期，齐国的东阿地区的阿大夫不干实事，专门吹嘘，自他任职后，有不少人称赞他的功绩，就连齐威王左右也有不少人说他好话。齐威王派人实地调查，发现那里田地荒芜，人民饥馑，民不聊生；与东阿相邻的薛陵遭到赵、卫两国进攻，他也不派兵救援。于是齐威王召见他，斥道："厚币事吾左右以求誉。"当日，对阿大夫处以极刑，连那些为他说好话求誉者也落得同样下场。群臣看了心生畏惧，再也不敢饰诈，务必传达实情，从此齐国大治，强于天下。

流丸止于瓯臾，流言止于知者

名句的诞生

语曰[1]："流丸[2]止于瓯臾[3]，流言[4]止于知者。"此家言[5]邪学之所以恶儒者也。是非疑，则度[6]之以远事，验之以近物，参[7]之以平心，流言止焉，恶言[8]死焉。

——《大略篇》

完全读懂名句

1. 语曰：指古语、谚语、俗语等。

2. 流丸：滚动的弹丸。

3. 瓯臾："瓯"和"臾"都是指瓦器，用来比喻低洼不平的地面。

4. 流言：没有根据的话，大多用于毁谤他人。

5. 家言：在此指"杂家"之言。

6. 度：考虑、推测。

7. 参：验证。

8. 恶言：无礼、辱骂人的话。

语译：俗话说："流动的弹丸，将在低洼处停下来；中伤别人的话，将止息于智者之口。"这就是杂家邪学为何遭到儒者所厌恶的原因。对是非有疑惑时，可以用过去曾经发生的事情来推测，用最近产生的事物来检验，再心平气和地验证它，这么一来，流言自然止息，恶言也会消除不见。

名句的故事

根据《荀子·大略》记载，有回曾子吃鱼，而吃不完剩下的鱼该怎么处理？他说："加些水，煮成鱼汤好了。"底下的门人说："再加水煮成鱼汤容易腐烂，吃了有害健康。不如把鱼腌起来吧！"曾子难过地哭着说："难道你们以为我别有用心吗？"他很难过自己太晚听见这件事了。

曾子对于自己说出来的话戒慎恐惧，害怕自己被误解成有害人之心，也说明了君子对于自己的一言一行都十分谨慎，在这种情况下，对自我要求高，自会避免流言蜚语的产生。

所谓"谣言止于智者"，真正的智者，不会在乎谣言的多寡，不会在意谣言的华丽，重视的是自我内心是否随着谣言动摇起舞，引来平静海面的轩然大波。

就算是满天遍布着流言蜚语，真正的智者不会跟着去附和，所谓"风吹幡动"，一僧云"风动"，一僧云"幡动"，议论不已。最后六祖慧能说："不是风动。不是幡动。仁者心动。"管他谣言再多，只要心不跟着动，就不会有所动摇了！

历久弥新说名句

谣言的力量极为可怕，可以来看看"三人成虎"的故事。

战国时代，各国互相攻伐，为了互为取信，所以国与国之间会把太子交给对方作为人质。魏国大臣庞葱，将陪太子到赵国做人质，临行前他对魏王说："如果现在有一个人来报告说街上出现了老虎，大王您会相信吗？"

魏王回答："我不信。"

庞葱接着说："如果有第二个人说街上出现了老虎，大王信不信？"

魏王想了一下回答："这下子，我会有些将信将疑了。"

庞葱追问："如果有第三个人报告街上出现了老虎，大王这时相信吗？"

魏王道："都已经有那么多人说了，我当然会相信。"

"唉！"庞葱叹了口气："街上是人口集中的地方当然不可能有老虎，很明显的是造谣，但是这么简单的事经过三个人的口，您就相信了。现在赵国国都邯郸离魏国国都大梁是这么遥远，会向您毁谤我和太子的人恐怕不止三个，希望大王届时能明察才好。"

有时谣言会掩盖真相，影响我们判断一件事情的真伪，因此，听到传言，必须"度之以远事，验之以近物，参之以平心"，不能道听途说。否则"三人成虎"，误把谣言当真了。

然而历史上听信谣言的例子不少，像是曾子杀人、屈原被迫流离。汉代李陵还因谣言，全家惨遭处死司马迁也因为他被处以宫刑。

汉武帝时，匈奴大举入侵，边疆告急。老将军李广依照卫青计策，决定袭击匈奴后方，要生擒单于，由卫青与李陵、灌夫，率领大军分成两路，直攻匈奴老巢。但是出师不利，灌夫和李陵被困孤山，两人又意见不合，李陵一气之下，仅率领将士五百人继续往前进。不幸被发配在边疆的梁王探听到消息，急忙去密告匈奴单于，单于派伏兵突击李陵，一行人死伤惨重，副将逃出来向灌夫求援，请求灌夫出兵相助，没想到灌夫拒不出兵，而李陵遭到俘虏。

灌夫奏报武帝李陵投降了，武帝听了十分震怒，下旨将李陵全家处死。史官司马迁不相信李陵会真心降敌，所以替李陵说话求情，不料遭到牵连，被盛怒的武帝下令施以宫刑。直到张骞回到京城，奏报实情，说出李陵并未真的投敌，而是灌夫畏战铸成大错，此刻武帝后悔莫及，愤怒地处死灌夫。

李陵冤屈虽平，但也家破人亡。这一切难以弥补的伤害都是谣言造成的啊！

君子知之曰知之，不知曰不知，言之要也

名句的诞生

子路盛服[1]见孔子，孔子曰："由，是裾裾[2]何也？昔者江出于山，其始出也，其源可以滥觞[3]，及其至江之津也，不放[4]舟，不避风，则不可涉也，非维[5]下流水多邪？今女衣服既盛，颜色充盈，天下且孰肯谏女矣！由。"子路趋而出，改服而入，盖犹若[6]也。孔子曰："志之，吾语女，奋[7]于言者华，奋于行者伐[8]，色知而有能者小人也。故君子知之曰知之，不知曰不知，言之要也；能之曰能之，不能曰不能，行之至也。言要则知，行至则仁，既知且仁，夫恶有不足矣哉！"

——《子道篇》

完全读懂名句

1. 盛服：华丽的服饰。

2. 裾裾：衣服华丽的样子。裾，音"jū"。

3. 滥觞：本指江河的发源处，水极浅小，仅能浮起酒杯，后借喻事物的开始。

4. 放：音"fāng"，并船，同"方"。

5. 维：通"唯"。

6. 犹若：舒坦美好的样子。

7. 奋：夸饰。

8. 伐：自己夸张功劳。

语译：子路穿着华丽的服饰拜见孔子，孔子

说："由，为什么你穿得这么华丽呢？古时候江出自山，当它刚刚流出时，它的源头非常浅小，等到来至江的津口处时，如果不并舟、不避大风，就没办法渡过，这不是因为下流处的水多了的缘故吗？现在你的衣服穿得如此华丽，颜色又这么鲜艳，那么天下还有谁肯来劝谏你呢？由呀！"子路很快地走了出来，换了衣服再进去，变得舒坦美好。孔子说："由，你记住，我告诉你：夸饰的言语只会华而不实，夸饰的行为只会夸张自己的功劳却无所成就，所知的即表现在神色上而自以为是有能力的人，这是小人。所以，君子知道就说知道，不知道就说不知道，这是说话最重要的原则；能的就说能，不能就说不能，这是做事最重要的准则。说话能把握原则就是智，做事能掌握准则就是仁，一个人既智又仁，那还有什么不足的呢？"

名句的故事

　　子贡曾经问孔子："卫国大夫孔圉的谥号为什么是'文'呢？"孔子回答说："他聪敏好学，不因为向地位比自己低的人求教而觉得羞耻，所以死后才用'文'这个字作为他的谥号。"（《论语·公冶长》）孔圉虽然并不温文儒雅，但他聪敏好学，又不耻下问，并不因为自己的身份地位特殊，或天资聪敏而自视甚高，不肯求教他人，所以才会谥号"文"。孔子做鲁国大夫时，初次进入周公庙助祭，遇到每件事都去问人，有人便质疑他："谁说这个来自鄹（zōu）邑的年轻人懂礼呢？他进入周公庙，遇到每件事都要问人。"孔子听到了便说："凡事谨慎，不懂的就要发问，这就是礼啊！"（《论语·八佾》）孔子认为自己不懂的事情，就要请教他人，绝不可以不懂装懂，这样反而会误事，因此，孔子曾说："天生就知道的，那是上等资质的人；经过学习然后知道的，那是次一等资质的人；遇到困难然后才苦学的人，那是又次一等的人；而遇到困难却依然不肯学习的人，这是最下等的人。"(《论语·季氏》)如果有不懂的地方，却假装懂，或是放弃不肯学习，那都不是正确的处世态度，所以孔子曾经告诫子路："知道的就说知道，不知道的就说不知道，这才是真知道啊！"(《论语·为政》)而荀子也说："君子知道就说知道，不知道就说不知道，这是说话最重要的原则。"

历久弥新说名句

　　明朝宣德年间，河南开封府外清溪村里有个新发财主柴昊泉，妻子亡故后，将妾室艾氏扶正，艾氏生有一子，名唤白珩，十分愚蠢，因为胸中不济，大家都叫他柴白丁。柴白珩瞒着父亲，央一个光棍秀才杜龙文寻了门路，终于做了秀才，不过却遭村中轻薄少年编了笑话取笑，柴白珩闻知，十分愤怒。过了几日，杜龙文因为索谢不敷使用，竟故意找人在学师面前说出白珩舞弊之事，学师便唤白珩来，出题面试，白珩哪里做得出？一时出尽了丑。学师声言要黜退他的前程，白珩着急得很，只好又央杜龙文从中打点，费了好些钱，才得没事。

　　后来，柴白珩先托杜龙文到京纳监，又引荐白珩送上厚礼给司礼太监，还拜了太监做干儿子。那太监姓鄡，名龙，掌司礼监印务，最有权势。因受了柴白珩的投拜，又得了贿赂，就照顾他考职候选。杜龙文自谓有功，想要索取厚谢，但白珩见事既已成功，口中虽说尚容图报，却只是许诺而始终不肯兑现。龙文等得不耐烦，假意写了一纸借约，要白珩借银一百两，白珩竟把借约丢还了他，回说没有银子。龙文十分怀恨。到得吏部选官之日，杜龙文便故意暗中找人延误了柴白珩春选的机会，柴白珩只好暂住在京城中等候秋选。

有一天，柴白珩到京城名妓马二娘的妓院住下，因为马二娘十分聪明，又精通诗词歌赋，柴白珩怕自己被看低了，于是经常买书回去，不过却是把书当枕头而已。马二娘知道以后忍不住笑了出来，柴白珩却以为马二娘对他有意思，便要求与马二娘相见。柴白珩到了马二娘的房里，看到墙上的字画，却是一个字也不认得，只有一副对联"谈笑有鸿儒，往来无白丁"中的"白丁"二字认得。柴白珩虽然心虚不痛快，却仍要求与马二娘共宿一宵，但马二娘因已有意中人，所以托病不肯。

隔天，柴白珩请马二娘在扇上题字："嗤嗤抱布合诗篇，三百青蚨肯易捐。愧乏琼瑶相报赠，数行聊致木瓜前。"柴白珩不解其意，还拿着扇子到处夸耀马二娘与自己相好，结果被大家传为笑柄，还改叫他柴木瓜。柴白珩羞愤地欲找杜龙文设法摆布马二娘，杜龙文却说："马二娘的诗并不是在笑你，这是大家嫉妒你，故意戏弄你的啦！"柴白珩听了半信半疑，杜龙文又说："不过，我听说马二娘的房里有副对联是'往来无白丁'的句子，我想这可能是在讥诮你的，因为你原本不该到她家去的，你如果去的话，就成了'往来有白丁'。不过，我想这个对联是在你去之前，她便先写下了，所以不是专为你而设，自然也没办法怪她！"

不久，朝廷在秋选之前公布：监生不可以越例选官；但以前选上的就算了，其他候选的监生，全部不准选。柴白珩知道了以后，气得目瞪口呆，可是却也没办法，只好回家乡去了。
（清·徐述夔《快士传》第四卷）

柴白珩明明目不识丁，胸中无半点墨，却一再托人寻门路取功名、买官，做种种儒生行径，却反而处处招人耻笑，尤其明明不懂名妓马二娘所题扇面的诗意，却招摇献宝，还想夸耀马二娘与自己相好，结果却更出了个大糗，可见不懂却装懂的人，实在不可取啊！

名句的诞生

子路入，子曰："由，知者若何？仁者若何？"

子路对曰："知者使人知己，仁者使人爱己。"

子曰："可谓士[1]矣。"子贡入，子曰："赐，知者若何？仁者若何？"子贡对曰："知者知人，仁者爱人。"子曰："可谓士君子[2]矣。"颜渊入，子曰："回，知者若何？仁者若何？"颜渊对曰："知者自知，仁者自爱。"子曰："可谓明君子[3]矣。"

——《子道篇》

知者自知，仁者自爱

完全读懂名句

1. 士：处事有才能的人。

2. 士君子：指有操守、有学问的人。

3. 明君子：指磊落明理而有才德的人。

语译：子路走进来，孔子问他："由，智者应该如何？仁者应该如何？"子路回答："智者使别人知道自己，仁者使别人爱自己。"孔子说："这可以说是处事有才能的人了。"子贡走进来，孔子问他："赐，智者应该如何？仁者应该如何？"子贡回答："智者知道别人，仁者慈爱他人。"孔子说："这可以说是有操守且有学问的人了。"颜渊走进来，孔子问他："回，智者应该如何？仁者应该如何？"颜渊回答："智者知道自己，仁者爱护自己。"孔子说："这可以说是磊落明理而有才德的人了。"

名句的故事

　　孔子用"知者若何？仁者若何？"分别问了子路、子贡及颜回三位学生，三位学生因个人修养境界的不同，也给了三个不同的答案。

　　有一次子贡问孔子："怎样做才可以称得上是'士'呢？"孔子回答："对自己的行事能够知耻而有所不为，出使外国而能够达成任务，这样就可以称为'士'了。"（《论语·子路》）所以孔子认为只要能对自己的行为负责，圆满达成工作任务的人，就可以称得上是"士"了，因此当子贡问孔子，如果全乡的人都喜欢他或者都讨厌他，这种人如何呢？孔子回答："不怎么样呀！还不如全乡的好人都喜欢他，而同时坏人都讨厌他。"（《论语·子路》）因为孔子认为："唯仁者，能好（hào）人，能恶人。"（《论语·里仁》）意即只有仁人才能公正地喜爱值得喜爱的人，厌恶应该厌恶的人。由此可见，子路的"知者使人知己，仁者使人爱己"，虽然已经达到"士"的境界，却仍未臻于完美。

　　孔子曾说："不患人之不己知，患不知人也。"（《论语·学而》）认为一个人该忧虑的是自己不能够了解别人，而不是别人不了解自己。所以当樊迟向孔子问知的时候，孔子回答："能够明察人的好坏。"（《论语·颜渊》）可见孔子认为让别人了解自己并不比自己能够了解别人更加重要。又樊迟向孔子问仁，孔子回答："爱护众人。"而孟子也说："君子以仁存心，以礼存心；仁者爱人，有礼者敬人。"（《孟子·离娄下》）因此，子贡说"知者知人，仁者爱人"，正符合孔子的期许，故孔子称许他是位"士君子"。

然而，孔子更认为与其让别人了解自己，或懂得明察别人的好坏，还不如担心自己的才德是不是能够让别人了解或足以胜任所得到的职务。所以他说："不患无位，患所以立。不患莫己知，求为可知也。"（《论语·里仁》）又说："不患人之不己知，患其不能也。"（《论语·宪问》）因为只有自身修养端正了，才能端正别人，政令才能贯彻通达，所以他说："苟正其身矣，于从政乎何有？不能正其身，如正人何？"（《论语·子路》）又说："其身正，不令而行；其身不正，虽令不从。"（《论语·子路》）在众多弟子中，孔子最称赞颜回的德行，而颜回说："知者自知，仁者自爱"，则更能显示出他砥砺修养自身的品德高尚，所以孔子赞美他是位"明君子"。

历久弥新说名句

楚庄王将要攻打越国，庄子（一说"杜子"）想要劝谏他，便问："您攻打越国，为的是什么呢？"庄王回答："因为越国内政混乱、兵力衰弱，有机可乘呀！"庄子遂说："我担心的是您的智慧就像眼睛一样，能看到百步之外，却看不到自己的睫毛啊！您的军队曾经被秦晋两国打败，丧失了数百里的土地，这是兵力衰弱。强盗庄蹻在楚国境内四处作乱，而官吏却不能禁止，这是政治混乱。现在楚国内政混乱、兵力衰弱的情形，并不在越国之下，而您却想要攻打越国，这不正是智慧像眼睛一样，只能目不见睫了呀！"楚庄王听了，这才打消攻打越国的念头。（《韩非子·喻老》）

楚庄王没有自知之明，只看见越国的政乱兵弱，却不知道自己的国家也一样政乱兵弱，还妄想攻打对方。可见最困难的

事，不在于看清他人，而在于如何看清自己、了解自己，所以老子曾说："知人者智，自知者明。"（《老子》第三十三章）

　　唐贞观初年，太宗对大臣萧瑀说："我从小就喜欢弓箭，得到十张良弓，以为是再好不过了。可是拿给制造弓箭的工匠一看，他却说：'都不是好的弓箭。'我问他什么缘故。他回答说：'木心不直，纹理偏斜，发出去的箭就不能正中目标。'我这才觉悟自己辨识弓箭的本领并不高明。我凭恃着弓箭才能安定四方，可是对它的认识却还不够，更何况是天下的事务啊！哪里能够全部通晓呢？"于是诏命京官五品以上的官员，轮流在中书省值宿，并经常召见，询问民间的疾苦及施政的得失。（《资治通鉴》卷第一百九十二）

　　唐太宗半生跃马疆场，以弓箭平定了天下，自以为对弓箭了解甚深，不料他所收藏的弓箭却被工匠鉴定并非良弓。若是换了旁人，一定会迁怒于工匠，可是唐太宗却反而能够引此为戒——治理天下的事务繁多，绝不可能凭一己而知晓天下。所以他知人善任，广纳谏言，然而却还深感不足，甚至还曾对有名的谏臣魏徵喟叹道："如果不是你，没有人会告诉我这些道理。人哪，最怕的就是缺乏自知之明呀！"（《新唐书》卷九十七）由于唐太宗的自知及善纳谏言，所以才能够开创贞观治世。

积少成多　见微知著

名句的诞生

夫骥[1]一日而千里，驽马十驾[2]则亦及之矣。将以穷无穷，逐无极与？其折骨绝筋，终身不可以相及也；将有所止之，则千里虽远，亦或迟、或速、或先、或后，胡为乎其不可以相及也！不识步道者，将以穷无穷，逐无极与？意[3]亦有所止之与？夫"坚白"[4] "同异"[5] "有厚无厚"[6]之察，非不察也，然而君子不辩，止之也。倚[7]魁[8]之行，非不难也，然而君子不行，止之也。故学曰："迟彼止而待我，我行而就之，则亦或迟、或速、或先、或后，胡为乎其不可以同至也！"故跬步[9]而不休，跛鳖千里；累土而不辍，丘山崇成。

——《修身篇》

完全读懂名句

1. 骥：日行千里的良马。

2. 驽马十驾：能力低劣的马连续走十天的路程。比喻即使是庸劣的人，只要肯勤奋做事也会有成就。

3. 意：同"抑"，抑或。

4. 坚白：即离坚白，中国先秦名家公孙龙的著名论述之一。《公孙龙子·坚白论》："视不得其（坚硬的白色石头）所坚而得其所白者，无坚也；抚不得其所白而得其所坚者，无白也。"

5. 同异：即合同异，中国先秦名家惠施的著名论述之一。《庄子·天下》："大
   同而与小同异，此之谓小同异。万物毕同毕异，此之谓大同异。"

6. 有厚无厚：中国先秦名家惠施的著名论述之一。《庄子·天下》："无厚，
   不可积也，其大千里。"

7. 倚：通"奇"。

8. 魁：通"嵬"，高。

9. 跬步：即跨半步路。

语译：千里马可以日行千里，但劣马只要连续走十天也可以行千里。如果
尽力跟随无穷的路，追逐无边的目的地，那就算走到折骨断筋，一辈子也
无法追得上；如果是有止境的终点，那么就算有千里远，走起来或许有慢、
有快、有先、有后，但谁说不可以追上呢？不知道行路的人，是要尽力跟
随无穷的路，追逐无边的目的地，还是有所终止的呢？像"离坚白""合
同异""有厚无厚"等辩说的明察，并不是不够明察，而是君子不去争辩，
那是自己有所节制。奇特高蹈之行，并不是不够难，但君子不去做，也是
自己有所节制。所以为学的人曾经说过："走在前面的人停下来等我，我
上前去追赶，那么虽然也或慢、或快、或先、或后，但谁说不能同样到达
目的地呢？"所以就算半步半步地走个不停，即使是跛也可以行走千里；
不停地累积土沙，就是丘山也终会堆成高山。

名句的故事

　　子曰："人一能之，己百之；人十能之，己千之。果能此
道矣，虽愚必明，虽柔必强。"（《中庸》第二十章）意谓别人
学一遍就会了，我学它一百遍；别人学十遍就会了，我学它
一千遍。果真能如此，就算是很笨的人，也会变得聪明；就
算是柔弱的人，也会变得刚强。凡事只要肯下苦功，即使再鲁
钝的人，也会有所成就。

譬如唐人李白，年轻时在四川眉州的象耳山求学，学业尚未完成，中途便想放弃。正当离去的路上，经过一条小溪，看见一位老妇人正在磨铁杵，李白好奇地问："您在做什么呢？"老妇人回答："我想要把铁杵磨成绣花针。"李白颇不以为意地哈哈大笑："您什么时候才能将这么粗的铁杵磨成绣花针呢？"老妇人说："只要功夫下得深，铁杵当然也会磨成绣花针。"此语深深震撼了李白，于是李白返回学堂，从此发愤读书，终于成为诗仙。（宋·祝穆《方舆胜览》卷五十三《眉州·磨针溪》）

如果不肯下功夫，就算天资聪颖过人，恐怕成就也将不如普通人。譬如宋朝宰相王安石《伤仲永》一文中描述出身农家的方仲永，五岁即能写诗，出口成章，令众人惊叹为天才，他的父亲更觉得奇货可居，整天带着他轮流拜见同县的人，献诗作文，以收取钱财，却不教他读书学习。七八年后，他所作的诗只是平常；再过七八年，更与普通人没两样了。

历久弥新说名句

宋朝张乖崖担任崇阳县令时，有一天看见一名小吏慌慌张张地从府库中溜出来。张乖崖喊住小吏，发现他鬓旁头巾上藏着一枚钱，经过追问盘查，小吏搪塞不过，承认是从府库中偷来的。张乖崖将小吏押回大堂，下令拷打。小吏不服，怒气冲冲地说："只是一个钱而已，有什么了不得的？你竟然就这样拷打我？哼，你也只能打我罢了，难道还能把我杀了吗？"张乖崖听了，立刻拿起笔来，写下判决："一日偷一钱，一千天就是一千钱。只要时间够久，即使是绳子也能锯断木头，水也能滴穿石头。"于是手提宝剑，走下台阶，亲自斩了小吏。

虽然一日一钱并不多，但日子久了，积少成多，数目自然也很可观，正是"蹞步而不休，跛鳖千里；累土而不辍，丘山崇成"，因此，"勿以恶小而为之，勿以善小而不为"，不要以为所犯的过失很小就不在意，也不要以为每天只学习一点点并不算什么，任何事情，不论好坏，只要时日久了，都会有所影响的。

名句的诞生

积微：月不胜日，时[1]不胜月，岁不胜时。凡人好敖慢[2]小事，大事至然后兴之务之，如是则常不胜夫敦比[3]于小事者也。

——《强国篇》

完全读懂名句

1.时：指四时、四季。

2.敖慢：轻率行事。敖：通"傲"。

3.敦比：敦勉亲近。敦：尽力去做。比：音"bì"，亲近。

语译：累积小事成就大功：以月计算不如以日计算，以季计算不如以月计算，以年计算不如以季计算。平常人往往会轻忽小事，大事来了才会开始努力去做，这样就不能时常在细微处用心注意了。

名句的故事

公元一九六八年，罗伯·舒乐牧师向"后现代建筑大师"菲利普·约翰逊表示，希望能够在加州建造一座足以容纳一万人的大教堂。菲利普·约翰逊问他："你有多少预算？"罗伯·舒乐说："我现在连一分钱也没有，但是我会用募款的方式筹到经费。"菲利普·约翰逊约略估算了一下，告诉罗伯·舒乐："要完成你的目标的话，至少要募到七百万美元才够。"

七百万美元？在当时，这简直就是天文数字，有谁会愿意捐献七百万美元呢？

听了菲利普·约翰逊的话，罗伯·舒乐立刻回去订立募款计划。他认为一次募得七百万美元的捐款是件不可能的工作，于是他把目标定为每次募得一万美元的捐款。每次一万美元，只要累积七百笔捐款，他的目标就可以完成了。定下目标后，他一次又一次地向人募捐。十二年后，一座足以容纳一万人的水晶大教堂终于完工了，造价是二千万美元。这座水晶大教堂成为建筑史上的经典之作，不但访客络绎不绝，教会还因此而快速增长。

靠着"积微"的功夫，罗伯·舒乐牧师完成了一件看似不可能的任务。他的故事告诉我们，再大的目标，只要分割成一个一个的小目标，看起来就不再困难，而且只要确实去做，随着岁月的累积，将可完成伟大的工作。

历久弥新说名句

假设你抬起头来，看到时钟的指针正好指在正确的时间。试问，这个时钟一定是准确的吗？其实不一定。因为这个时钟可能根本就不会动。完全不会动的时钟一天仍能两次准确报时。可是，这样的时钟有用吗？

如果把时钟看作工厂里的员工，那么，偶尔考核一次，并不能看出它工作的实际情况。

做事也是一样，偶尔成功一次，可能只是幸运，并不值得称道。因为幸运是不可能永远持续下去的。更何况，不是由个人努力得来的成功，也并不那么令人高兴。失败的情况也是如此，偶尔失败一次，可能也只是运气不好。

失败有两种情况。第一种情况纯粹是因为努力不够，另一种情况则虽然经过不断的努力，却仍然无法成功。就结果来看，失败是相同的，但是两者其实有着极大的差别。

以爱迪生发明电灯为例，他试了两千多种材料却仍失败，这和试过一两次而仍失败的人看似相同，但爱迪生其实已知道两千多种不能使用的材料。不断累积的失败足以使他得到最后的成功。所以要了解一个人的成就，有时不能从结果来看，要从过程来看，而且愈是分阶段来看，愈能看出一个人累积的努力。这就是荀子所说的"积微：月不胜日，时不胜月，岁不胜时"。

尽小者大，积微者箸

名句的诞生

雨小，汉故潜[1]。夫尽小者大，积微者箸[2]，德至者色泽洽[3]，行尽而声问[4]远，小人不诚于内而求之于外。

——《大略篇》

完全读懂名句

1. 汉故潜：雨虽然小，可是积少成多，还是能使汉水深。潜：深。

2. 箸："箸"同"著"，"见微知著"，意指看到事情的些微迹象，就能知道它的真相及发展趋势。汉·袁康《越绝书·卷十四越绝德序外传》："故圣人见微知著，睹始知终。"亦作"睹微知著""视微知著"。

3. 洽：《说文解字》说"洽，沾也"，指浸润之意。

4. 声问：问，借为"闻"。声闻，声誉。

语译：雨虽小，但是积少成多，也可以使汉水深。累积小的可以成为大的，累积微细的可以成为显著的，德至高的色泽浸润饱满，行为尽到的则名誉远闻。小人在内不自诚，却要求之于外。

名句的故事

荀子说："尽小者大，积微者箸。"

意在提醒我们包罗了细小的，将成就巨大的；积聚了细微的，将成为显著的。凡事都要从小做起，就连错误，也要从小开始防范。

刘备亦曾谆谆告诫刘禅"勿以善小而不为，勿以恶小而为之"，因为从"小善"往往可以观察到人性最细微高贵的品德。所谓"见微知著""从一粒沙中可以看出全世界"。做小事可以培养成大事的能力，芝麻虽小，却可以"聚沙成塔"，况且"一屋不扫何以扫天下"呢？东汉有位少年叫陈蕃，独居一室，他的庭院脏乱不堪，他父亲的朋友薛勤见了，批评说："孺子何不洒扫以待宾客？"陈蕃回答："大丈夫处事，当扫天下，安是一屋？"薛勤甚奇之，后来衍生出："一屋不扫，何以扫天下？"

想要"平天下"也得先从"齐家"做起，家不齐，国怎能治？国不治，平天下终究是空话。在一般的生活中没有太多惊天动地的传奇，平凡是生命中的基调。我们虽然常说要立志做大事、要立志当顶天立地、叱咤风云的大人物，然而当我们朝向大目标前进时，若不从点滴小事好好做起，如何能成就大事业呢？

历久弥新说名句

《百喻经》里有一则故事：有一位富翁，家财万贯，但是为人却愚昧不堪。有一回，他到朋友家做客，朋友盖了一座很华丽的三层楼阁，富丽堂皇，他心生羡慕，回家后朝思暮想，认为自己的财富又不输给朋友，应该要盖一栋同样华贵壮丽楼阁，于是他找来了为朋友盖楼的建筑师，准备盖楼。

他满心欢喜地向建筑师勾勒心中蓝图，建筑师信心满满地告诉他："请放心，保证为您盖一栋不同凡响的三层楼房。"

建筑师没有食言，隔天开始带着工人敲敲打打、叮叮咚咚地进行工程。富翁在一旁兴奋期待着。

盖楼第一步就是要打地基，这位经验十足的建筑师也不例外，挖地、整地，进行地基建造，工人们挥着汗卖力地工作着。在一旁监工的富翁看了很着急，一直嘀咕着这些人在做什么啊？怎么老是往下挖？他愈看愈觉得不对劲，急忙对建筑师说："不对，不对，你做错了，我要的是'三层楼'，你这么盖，怎么行呢？"

建筑师说："对啊！我是在建您需要的漂亮三层楼房，哪里有问题呢？"

富翁振振有词地说："我不要下面那两层楼，有那两层不稀奇，我只要第三层楼！你只要帮我盖'第三层楼'就好了。"

建筑师回答："那是不可能的，我盖了那么多年的房子，从没盖过一栋楼房不打地基、不从第一层楼盖起。"

富翁仍坚持己见，说："不！我不需要下面那两层，你只要盖第三层楼就好了。"

建筑师听了摇摇头："哪有没地基的楼房？我无法完成，您另找高明吧！"

话说完，建筑师带着工人浩浩荡荡离开了。而富翁的"第三层楼"直到现在还没盖成呢！

一棵树是从小树慢慢成长茁壮，想建楼要从奠基开始，所谓"万丈高楼平地起"，从基础打起，才能有成就，没有一步登天的道理！想要显著，就从微小处慢慢累积吧！

名句的诞生

流言灭之，货色远[1]之。祸之所由生也，生自纤纤[2]也。是故君子蚤[3]绝之。

——《大略篇》

完全读懂名句

1. 货色远之：货指财货；色为美色；远，指远离。

2. 纤纤：微细。

3. 蚤：通"早"，提前。

语译：流言要止灭它，财货女色要远离它。祸患的发生，生于细微之处。所以君子要早一点断绝这些祸根。

名句的故事

　　祸害向来都是从细微之处开始的，《后汉书·丁鸿传》提到：东汉和帝即位，大权掌握在窦太后手上，太后的兄长窦宪掌管朝政，其余窦氏兄弟均为居高位，官员们争相逢迎巴结，造成政局混乱。而窦氏家族更是仗势横行，鱼肉百姓，许多臣子为汉室江山捏把冷汗，却没有人敢揭发他们的恶行。当时的司徒丁鸿借天上发生日食

祸之所由生也，生自纤纤也

227

这种不祥的征兆借机向和帝密奏说："太阳象征着君王，月光代表臣子。日食出现，表示做臣子的侵夺君王的权力，陛下千万要小心。在历史记载中，日食出现了三十六次，其中有三十二位国君遭弑，都是因为给予臣子的权力太大了！"他进一步控诉窦宪仗着太后的权势，包揽朝政，独断专行的恶行。

接着他又说："日食的出现是上天在警诫我们，应该注意任何一个危害国家的灾祸发生。能够穿破岩石的水，最初都仅是涓涓细流；成长的巨木，也是由刚露芽的小树慢慢长大。人们常常忽略了微小的事情，但这些微小的事情却足以造成无穷的祸患。如果陛下能亲自整顿朝政，从小地方着手，在祸患萌芽时就消除它，这样就能够安定朝政，国泰民安。"

汉和帝听从了丁鸿的建议，迅速革除窦宪的官职，消减窦氏家族的势力，窦宪与他的兄弟还因此自杀。而朝廷除去了隐患，整顿朝政后，国势便开始好转。

此即是"防微杜渐"的典故由来，提醒人们"祸之所由生也，生自纤纤也"，要人切记"在不良事物刚露头时就要加以防止，杜绝其发展"，若等祸害变大才处理，就难以收拾了。

历久弥新说名句

一八四五年，在英国波斯沃斯，国王理查德三世准备和里奇蒙德伯爵亨利的军队决一死战，这场战斗，将决定英国未来的统治者。

开战当天早上，理查德要马夫准备好他心爱的战马，请铁匠为马钉马掌，因为缺少了几根钉子，其中有一个马蹄没有钉牢。两军交锋时，冲锋陷阵的理查德因为掉了一个马铁蹄，战马跌倒，害得理查德跌落在地，而这匹惊慌的战马也逃走了。士兵见状，纷纷逃散，而理查德被俘。战争结束了，理查德也丢了王位。

就是因为缺少这几根钉子，丢了个马铁蹄，吓走一匹战马，结果打败仗，国家也亡了。祸害的开始，竟然是小小的钉子啊！

美国国家航空局透露，原本计划于二〇〇〇年十月十日要升空的"发现者"号航天飞机，由于在发射前几个小时被发现有一枚十厘米长的别针遗留在航天飞机上，被迫下令停止发射。工作人员认为：万一这枚别针在航天飞机升空时卡在发动机里，或是坠落在发射台上，都可能造成不堪设想的后果，绝不能因小失大，为了消弭安全疑虑，宁愿延迟发射。等这枚别针被取出后，航天飞机确定检修没问题，航天飞机才能再进行升空，最后"发现者"延后一日，在十一日被送入太空。

虽是一枚小小的别针，也有可能引起祸害，怎能不谨慎处理呢？

俗话说"星星之火可以燎原，涓涓滴水可以穿石"，小事能酿成大祸，微小力量也能发展成强大的势力。对于纤纤之祸，千万不可轻忽啊！

如垤而进，吾与之；如丘而止，吾已矣

名句的诞生

孔子曰："如垤[1]而进，吾与之；如丘而止，吾已矣。"今学曾未如肬赘[2]，则具然欲为人师。

——《宥坐篇》

完全读懂名句

1. 垤：音"diē"，蚂蚁穴口的小土堆。
2. 肬赘：肬通"疣"，肬赘就是赘肬，即赘疣的意思，比喻多余无用的事物。

语译：孔子说："如果有像蚂蚁一般不断累积土堆前进的人，我会去跟随他；如果遇到山丘便停下脚步的人，我也会停止追随他。"我现在的学问还比不上身上一颗小小的赘肬，居然就准备想成为别人的老师。

名句的故事

荀子利用"宥坐器"的道理，导引出为学永无止境、为人当怀谦虚的旨意。就像孔子说："我有感到耻辱的时候，我有感到卑鄙的时候，我有感到不安的时候。在少年时不努力学习，到老时，就没有教诲人的能力，我对此感到羞愧。离开自己的故乡，因为做官而显达，偶尔遇到老友却无法嘘寒问暖，我对此感到卑鄙。和小人来往，我感到危险。"

孔子的耻辱、卑鄙与不安，乃是对自我的要求甚高，因此希望可以追随不断努力学习的人。"如垤而进"的学习对象，就好似孔子常常提到的水。

子贡问孔子说："每当看到奔腾不息的江河您总是驻足观看，请问这是什么原因呢？"这个问题打开了孔子的话匣子。孔子透过东流江水的种种变化，从水的四处被及体悟到德行；从水流的律动体悟到义理；从河水的澎湃汹涌体悟到大道；从落下百丈深谷的水体悟到勇气；从水倒入容器体悟到法度；从水与注满容器后的平整体悟到端正；从水无处不在体悟到明察；从水的洗涤功能体悟到教化；从水就是往东流去体悟到志向。

孔子从平凡的川流之水，体悟到不凡的价值，所以愿意像水一般，不断前进、不断学习，而对于半途而废的学习对象，他也不会有所留恋，会立即舍弃。

历久弥新说名句

在本篇名句中，有几个成语。所谓"如丘而止"，是用来比喻一个人遇到挫折、困难，便裹足不前、不思突破、不求上进。

《淮南子》中记载："人莫蹪于山而蹪于垤，是故人皆轻小害，易微事，以多悔。"（蹪，音"tuí"，跌倒的意思。）这句话是说，人不会遇到山就跌倒，反而是遇到小土堆会跌倒，因为一般人都轻视小的祸害，容易看轻小事，所以常会后悔。后人便用成语"莫蹪于山而蹪于垤"，来比喻不管做什么事都不可掉以轻心。

在本文中也提到赘疣，这是指附生在皮肤上的肉瘤，这自然是多余的，有句成语叫作"附赘悬疣"，就是用来比喻多余且毫无用处的东西。

《孟子·公孙丑》中要形容孔子的与众不同，提到"麒麟之于走兽，凤凰之于飞鸟，泰山之于丘垤，河海之于行潦，类也。圣人之于民，亦类也。出于其类，拔乎其萃。自生民以来，未有盛于孔子也"。麒麟是走兽当中最突出的，凤凰是飞鸟中最卓越的，泰山是土丘中最高者，河川海洋是汇聚的水当中最大的，而圣人就是人类中最优秀的，自古以来没有人比孔子还要优秀。

名句的诞生

故弓调而后求劲焉，马服[1]而后求良焉，士信悫[2]而后求知能焉。

——《哀公篇》

完全读懂名句

1. 服：驯服。

2. 悫：恭谨。

语译：所以弓首先要调好，然后才要求它的强劲；马首先要驯服，然后才要求它成为一匹好马；人才首先要恭谨忠厚，然后才要求其聪明能干。

名句的故事

这篇文章是鲁哀公向孔子请教如何选取人才。孔子说："无取健，无取詌，无取口啍。"所谓的"健"是强而有力的意思，这里指不要选取会争强好胜的人；"詌"（gàn），扰乱的意思，这里指不要选取专会扰乱事务的人；"啍"（zhūn），就是多话，意即不要选取能言多辩之人。

孔子又说："士不信悫而有多知能，譬之其豺狼也，不可以身尔（ěr，同'迩'）也。"一个有才华的人，如果不忠诚恭顺却聪明能干的话，就好似豺狼一般，是不可以靠近的。换句话说，一个可用之人首重态度上的恭谨、服从，再来才是这个人的聪明与能力。

孔子接着提到案例："桓公用其贼，文公用其盗。故明主任计不信怒，暗主信怒不任计。计胜怒则强，怒胜计则亡。"齐桓公敢任用会使坏作乱的人，晋文公敢任用会抢夺财物的人，是因为贤明的君主会根据利害来选用人才，不会感情用事；而昏庸的君主则是依自己的情绪来选用人才，忽略了国家的利益。孔子认为，君主重视国家的利害得失超过了自己的感情，那么国家就会强盛；如果总是意气用事忘却国家的利益，那么就会自取灭亡。

成语"弓调马服"便是出自此处，引申为做任何事情都要先打好基础。另有"士"一词，就是指诚实忠厚的人。

历久弥新说名句

齐桓公成为春秋五霸之一，在于他选用了管仲，还尊称管仲为"仲父"。管仲之于当时周王室的功绩，连孔子也称赞不已。有次管仲生病了，齐桓公前去探望他，并问："仲父如果弃我而先离开人世，请问可以用竖刁这个人吗？"管仲说："不行。竖刁这个人是自己宫刑后成为宦官，以亲近君王，对自己都如此残忍，何况是对君王呢？"齐桓公又问："那么易牙可以吗？"管仲则说："易牙杀了自己的孩子给君王吃，连自己孩子都忍心杀害，又怎会爱惜君王呢？"

管仲死后，齐桓公原本听话地将这两人逐出宫廷，但是竖刁、易牙就是会讨齐桓公的欢心，因此过了三年，齐桓公便把这两人召回来。后来齐桓公病危，易牙和竖刁却联合起来作乱，还不许齐桓公喝水、吃饭。齐桓公悔恨不已，才知道圣人见解真是透彻。据说齐桓公以衣袖蒙着脸而死去，表示自己无颜到九泉之下见管仲。(《左传》)

齐桓公用人的故事，说明了任用"士"是治国的基本基础。

澹泊寡欲　谦卑自牧

名句的诞生

物类之起，必有所始；荣辱之来，必象[1]其德。肉腐出虫，鱼枯生蠹[2]。怠慢忘身，祸灾乃作。强自取柱[3]，柔自取束[4]。邪秽在身，怨之所构[5]。

——《劝学篇》

完全读懂名句

1. 象：通"像"字，相似。

2. 蠹：音"dù"，蛀虫。

3. 柱：支柱。

4. 束：一说捆扎。另一说约束、限制。

5. 构：结集、造成。

语译：事物的发生，一定有其根源；光荣或耻辱的到来，一定与其德行相似。肉腐败了才会生出虫来，鱼枯烂了才会生出蠹来。放纵怠惰到不顾自己的行为，灾祸就会兴起。刚强坚硬的材质，自会被人们用来作为支柱，质地柔软的素材，自会被人们用来捆绑东西。邪恶肮脏在身上，必然造成人们的怨恨。

名句的故事

唐代学者杨倞在《荀子注》中为"强自取柱，柔自取束"所下的注解为："凡物强则以为柱而任劳，柔则见束而约急，皆其自取也。"物性的刚强或柔软，决定了它们最后被人们拿来当作支撑的梁柱或是受到约束的捆绑材料，这些都是物类自己造成的结果。杨倞直指荀子的重点在"自取"两字，意谓物类本身的刚柔性质，即是其被做成刚、柔之物的主要关键。

借由物类的始末发展，荀子认知到人想要成为哪一类的人，不也是决定于自己的抉择与学习态度吗？子夏曾言："百工居肆以成其事，君子学以致其道。"（《论语·子张》）各行各业的人，都是在店铺里完成他们的工作，君子通过学习以达成正道。由此可知，一个人不管选择从事哪一种行业，总是必须全心投入其中，勤练该行业的专门技艺，如此才有能力把事情做好；同样的道理，一个人立志成为君子，期待实践自己的生命理想，也是必须历经一番苦学，其辛劳与各行各业的付出并无差异，只有学习的内容不尽相同而已。

近年在湖北郭店楚墓出土的竹简《性自命出》，是阐述儒家思想的一部典籍，作者应为孔子的后代门人，成书约在战国中期。其中一段写道："凡物无不异也者，刚之树（柱）也，刚取之也，柔之约，柔取之也。四海之内，其性一也，其用心各异，教使然也。"物类都是不同的，物性刚强的可以树立为柱子，物性柔软的可以弯曲为缠束之材，这是取其性刚、性柔的缘故。全天下的人性都是一样的，但每个人的用心却不相同，这是后天教化致使成如此的。此说与荀子"强自取柱，柔自取束"一样，主张物性受其本能所限制，而人性的本质如一，需要通过学习来获取各种本领，从经验中不断累积智能，进而形塑出不同的人格。

历久弥新说名句

　　"强自取柱，柔自取束"强调人的一切行为后果都是缘于"自取"，所以人生遭逢的高低曲折、祸福成败，也全是自己一手造成的；人们常言"咎由自取""多行不义必自毙"，以及"要怎么收获，先怎么栽"等语，皆可与荀子这句名言相互参照。

　　唐人韩愈在《进学解》中教育其门下子弟："大木为杗（máng），细木为桷（jué）。"意指大的木料可做成栋梁，小的木料可做成屋椽；其后又说："各得其宜，施以成室者，匠氏之工也。"大小不一的木料，各有它们适当的去处，使用它们来建造房子，是出自木匠的技艺。韩愈以此表明人的才能无论大或小，都有其适材适用的所在，但若想获得他人的赏识，委以重任，也要看是否有把自己培养成栋梁之材。不过，综观全文，韩愈其实是在暗喻自己不幸被大材小用，始终遇不到识人的伯乐。

　　北宋苏轼在《范增论》中评论楚汉相争之时，楚霸王项羽的策士范增的功过。范增一心辅佐项羽称霸天下，被项羽尊称为亚父，是刘邦深感畏惧的人物；于是采纳陈平的离间计，使项羽怀疑范增与汉营私通，削夺范增的权力，范增愤然离去，不久即因背上毒疮发作而死。针对这段史实，苏轼以为范增太晚离开项羽，早该觉悟项羽对自己的不信任，其在文中写道："物必先腐也，而后虫生之；人必先疑也，而后谗入之。"物体一定要先腐败，然后才会生出虫；人一定是先起了疑心，然后别人的谗言才能进入。

　　苏轼借荀子"肉腐出虫"之说，比喻事出必有因，依其观察，项羽如果信任范增，不管陈平多么足智多谋，也无法离间不起疑心的人主。原因便出在，项羽本来就对范增的忠诚感到怀疑，才让陈平的离间计得以成功。苏轼虽对范增最后的境遇感到惋惜，但这不也印证了荀子"肉腐出虫，鱼枯生蠹"在先，演变成"强自取柱，柔自取束"的结果吗？

名句的诞生

昔者瓠巴[1]鼓瑟而流鱼出听，伯牙[2]鼓琴而六马[3]仰秣[4]。故声无小而不闻，行无隐而不形。玉在山而草木润，渊生珠而崖不枯。为善不积邪，安有不闻者乎？

——《劝学篇》

完全读懂名句

1. 瓠巴：人名，古代擅长弹瑟的人。瓠：音"hù"，姓。

2. 伯牙：人名，古代擅长弹琴的人。

3. 六马：古时天子用六匹马驾车。

4. 秣：喂牛马的谷、粟等饲料；此作动词，指咀嚼食物。

语译：从前瓠巴弹瑟，连河底的鱼群也浮出水面听，伯牙弹琴，连马也会停止吃草仰头倾听。所以声音无论多么小，没有不被听见的，行为无论多么隐蔽，没有不被显露的。藏有宝玉的山石，草木会生得非常滋润，藏有珍珠的深渊，崖岸不会枯涸。大概是没有累积善行吧！哪里有不被听闻的呢？

名句的故事

荀子"声无小而不闻，行无隐而不形"之语，意在告诫那些老是抱怨

声无小而不闻，行无隐而不形

怀才不遇、生不逢时的人，只要扪心自问是否用心在技能与学养的提升，根本不必烦恼世上没有人知道自己的优点。文中借古人瓠巴与伯牙的传说为例，表明他们本身若没有出神入化的琴艺，如何能够打动水底的鱼跳离水面，吸引陆上的马放下食物，也要聆听两人弹奏的美妙乐声。

孔子在《论语·宪问》中说过："不患人之不己知，患其不能也。"不用担心没有人了解自己，就怕自己没有能力。也就是说，与其终日惶恐人家不知道自己的长处，还不如把心思花在充实自我、培养自己的专业能力上。孔子的教诲与荀子的用意一样，都是叫人先埋头努力做了再说，不必在意他人对自己的不了解。

《史记·李将军列传》作者司马迁以谚语"桃李不言，下自成蹊"评论人称"飞将军"的西汉名将李广，意指桃树、李树虽然不会说话，但因人们喜欢它们的花朵与果实，纷纷前去摘取，便在树下开出一条道路来。根据司马迁的观察，李广的为人敦厚老实，不善于说话，死去的那天，全天下无论认识或不认识李广的人，无不为其哀悼；司马迁认为这是李广的忠诚笃实让人取信的缘故，也正如不会说话的桃树、李树一样，其散发出的美好特质，自会引来人们敬仰爱戴，哪里还需要言语来为自己宣传呢？

历久弥新说名句

东晋政治家谢安，字安石，出身名门贵族，年少的他风姿潇洒，才识不凡，在士大夫圈享有盛名，连大丞相王导也对其称赞不已。《晋书·谢安传》中提到长大后的谢安，由于名声响亮，有人遂延揽他出来做官，才短短一个月，谢安发觉自己的个性不适合官场，便辞官隐居在会稽东山；他住在东山的时候，除了平日在家教育子弟之外，闲暇时便与朋友四处游玩。不料，隐居后的谢安，声名比以往更为大噪，人们一致称许其不眷恋权位的情操。在士大夫的推举下，朝廷屡次征召，谢安总是一再推辞，当时人们彼此见面说的话就是："安石不肯出，将如苍生何？"意指谢安不肯出来做官，怎么对得起天下的百姓呢？随着政局日益混乱，有人又劝谢安出仕，这时已经四十余岁的谢安才决定"东山再起"，答应担任司马一职；此后，谢安凭恃其卓越的政事能力，官运一路扶摇直上，终成为安定东晋政局的一大功臣。一心归隐的谢安，原以为自己将高卧东山，终老山林，却仍然隐藏不了他的显赫声望与深得民心的形象，这也可说是"声无小而不闻，行无隐而不形"的最佳实证。

相反地，有人则是刻意借"隐"来突显自己的超群脱俗，博得世人的美誉。《世说新语·排调》记录东晋高僧支遁拜托朋友去和一个名叫竺道潜的僧人买山，准备到山里隐居。竺道潜对支遁的友人说道："未闻巢、由买山而隐。"意思是从来没有听过巢父、许由购买山林之后才去隐居的！巢父、许由都是唐尧时代的高士，尧帝本想让位给两人，但他们不肯接受，终生隐居在山里，过着与世无争、悠闲自在的生活。竺道潜引述巢父、许由两位古代高士的事迹，意在嘲讽支遁买山的理由竟说是为了隐居，实在太不合乎隐者的风范。

不下比以暗上，不上同以疾下

名句的诞生

不下比[1]以暗[2]上，不上同[3]以疾[4]下，分争于中，不以私[5]害之，若是则可谓公士矣。

——《不苟篇》

完全读懂名句

1. 比：音"bǐ"，结党朋比。

2. 暗：欺瞒。

3. 上同：苟同于在上位者。

4. 疾：嫉害。

5. 私：私心、私欲。

语译：不和在下位的人结党以欺瞒在上位的人，不苟合于在上位的人而嫉害在下位的人，事情有了纷争，不因私心而害于理，像这样就可以称为公正之士了。

名句的故事

荀子认为世上有五种读书人："通士""公士""直士""士""小人"。

第一种读书人，对上能尊敬君主，对下能爱护百姓。事情来的时候，能够加以处理；变故来的时候，则能够加以解决。这种读书人，可以称为"通士"，也就是通达之士。

第二种读书人，不结党而瞒上，不媚主以害下，遇到待处理的事情，不以私心而违理。这种读书人，可以称为"公士"，也就是公正之士。

第三种读书人，就算身有长处而不被长上所知，也不会自恃功劳而怨怼长上；就算身有短处而不为长上所知，也不会刻意隐瞒以讨求封赏。无论长处短处都不加以文饰，而是坦白地表现自己。这种读书人，可以称为"直士"，也就是正直之士。

第四种读书人，再平常的话也要求信实，再平常的行为也要求谨慎，害怕苟同时俗而流于媚世，却也不敢独断地必以自己的意见为是。这种读书人，可以称为"士"，也就是忠厚之士。

这四种都是值得效法的读书人，也都不愧其为"士"。至于第五种读书人，说话常常不可信，行为常常不正当，只要有利益，就会尽力去做。像这种读书人，连称为"士"的资格都没有，称他们为"小人"就够了。

身为读书人，可以选择成为"通士"，可以选择成为"公士"，可以选择成为"直士"，也可以选择成为"士"，又何苦非要选择做一个"小人"呢？

历久弥新说名句

晏子奉派治理阿县，才不过三年，朝中就充满批评他的声浪。齐景公很不高兴，准备罢免晏子。晏子说："我已经知道错在哪里了，请给我一个机会，让我再做一阵子好吗？"

过了三年，朝中尽是赞美晏子的声音。齐景公非常高兴，就准备奖赏晏子。不过晏子不肯接受。他说："先前，我用正直的态度治理阿县，所以恶人都讨厌我，四处散布我的坏话，使您因而打算罢免我。后来，我用媚俗的方式治理阿县，结果恶人都喜欢我，四处传颂我的好话，使您因此打算奖赏我。我所做的事，是不应该的，所以我不愿意接受奖赏。"

先秦道家的知名学者子华子说："夫人之常情，誉同于己者，助同于己者，爱同于己者。"《说苑》里的这段话意思是：一般人都会称赞、帮助、喜爱和自己交好的人，而不见得会称赞、帮助、喜爱真正的好人。所以想要得到众人的称赞、帮助、喜爱，并不需要做个真正的好人，而只需要讨好他们。这种不管好人坏人都喜爱他的人，正是孔子所严正批评的"乡愿"。

讨好众人可以得到好处，讨好长上则可以得到更大的好处。有些人为求讨好君主，迎合他的心意，甚至不惜残害忠良，秦桧便是一例。他为了迎合宋高宗的苟安心态，以"莫须有"的罪名杀害为国家立下无数战功的岳飞。至于那些压榨百姓钱财，以供君主享乐的大小官吏，更是不计其数。这些官吏中，不乏学识渊博者，但他们罔顾良心事理，只求迎合长上，不过就是荀子所说的"小人"罢了。

名句的诞生

公生明，偏生暗[1]，端生通[2]，诈伪生塞[3]，诚信生神[4]，夸诞生惑[5]，此六生者，君子慎之，而禹桀所以分也。

——《不苟篇》

完全读懂名句

1. 偏生暗：偏颇产生昏暗。暗，不明事理。

2. 端生通：端谨产生通达。

3. 诈伪生塞：诈伪产生蔽塞。诈伪：狡诈虚伪。

4. 诚信生神：诚信产生神明。

5. 夸诞生惑：荒诞产生迷惑。夸诞：夸大荒诞而不可信。

语译：公正产生圣明，偏颇产生昏暗，端谨产生通达，诈伪产生蔽塞，诚信产生神明，荒诞产生迷惑，这六种生事的原因，君子会谨慎以对，这也是夏禹和夏桀的区别所在。

名句的故事

春秋时的晋献公原是一个极有作为的君主。自从他得到骊姬，就开始沉迷酒色、荒废国事。深具野心的骊姬为了想让自己的儿子奚齐当上太子，于是百般陷害原来的太子申生。

为了陷害申生，骊姬向晋献公诉

249

苦，说申生调戏她。晋献公不信，说："申生是个孝子，绝不会这么做！"于是骊姬在衣领上涂蜂蜜，引来蜜蜂，并要求申生替她赶走蜜蜂，故意让晋献公看到。晋献公信以为真，本来想废掉太子，但被朝中大臣所劝阻。

这次计谋失败后，骊姬不死心，又让申生到曲沃祭祀生母齐姜。依照礼法，祭完的酒肉要献给晋献公。骊姬在酒肉中偷偷下毒，并嫁祸给申生。晋献公一气之下，打算杀死申生。

有人劝申生辩解说："酒肉送进宫中已有一段时间，若是早就下了毒，肉又怎么不会发黑变质呢？"申生说："这本是显而易见的事，不过如果我告诉父亲，而父亲也相信了，就一定要杀死骊姬。父亲年纪已经很大了，他所宠爱的，只有骊姬一人，要是没有了骊姬，他的晚年一定会过得很痛苦。我又怎能因为爱惜生命而使父亲痛苦呢？"于是申生自杀而死。

申生死后，晋献公很后悔，对骊姬说："申生应该不会是下毒的人。"骊姬说："不是申生，那就一定是你另外那两个儿子，重耳和夷吾所下的毒。"晋献公竟然相信了。重耳和夷吾便在晋献公的追杀下逃出国外。不久，晋献公死去，而晋国也陷入动乱。

晋献公的事不是特例，荀子看到历史上许多人，因为怀有私心而误判情势，于是他说："公生明，偏生暗。"希望世人能领悟到其中的道理，而做出正确的选择。

历久弥新说名句

有句老话："能医者不自医，能相者不自相。"技术卓越的医生治不好自己的病，道行高深的相师算不准自己的命，这并不是说他们不在乎自己的病症，不在乎自己的命运，相反地，正是因为他们太过在乎，所以治不好自己的病，算不准自己的命。老子说："外其身而身存。"认为不在乎自己性命的人，反而更能够保全自己的性命。就"能医者不自医，能相者不自相"的成因看来，老子的话确实有着极其精微的道理存在。

愈是与自己密切相关的事情，就愈不易做出正确的判断，因此人们常说："旁观者清，当局者迷。"《大学》说："人莫知其子之恶。"俗语也说："儿子是自己的好。"对于自己偏爱的儿子，就不容易看出他的缺点，所以说："偏生暗。"

"情人眼里出西施"是另一种"偏生暗"的情形。有着众多缺点的人，在他的情人眼中，却可能是完美无缺的。不过，当"情人"不再是"情人"的时候，他们眼中所见的，往往就不再是美丽的"西施"，而是丑陋的"东施"了。

从前，在弥子瑕深受卫灵公宠爱时，他们曾一起到果园游玩。弥子瑕摘下了一颗桃子，吃了一口，觉得很好吃，就拿给卫灵公吃。卫灵公说："弥子瑕真是爱我啊！舍不得吃完那颗好吃的桃子，还特地拿给我吃。"过了一段时间，在弥子瑕失宠后，卫灵公回想起这件事，就很生气地说："弥子瑕竟然把吃剩的桃子拿给我吃，真是可恶！"

《大学》里说："好而知其恶，恶而知其美者，天下鲜矣！"喜欢一个人而能看到他的缺点，讨厌一个人而能看到他的优点，这都是很难做到的。所以孔子说："惟仁者能好人，能恶人。"这是因为仁者不会因"偏"而生"暗"，有所偏袒而失去清明的判断。

自知者不怨人，知命者不怨天。怨人者穷，怨天者无志

名句的诞生

鯈鮍[1]者，浮阳[2]之鱼也，胠[3]于沙而思水，则无逮矣。挂[4]于患而欲谨，则无益矣。自知者不怨人，知命者不怨天。怨人者穷，怨天者无志。失之己，反之人，岂不迂乎哉！

——《荣辱篇》

完全读懂名句

1. 鯈鮍：鯈，音"tiáo"，小而长的白鱼；鮍，音"qiáo"。
2. 浮阳：意指鱼性喜好浮出水面。
3. 胠：音"qū"，同"阹"，遮拦、搁浅。
4. 挂：音"guà"，同"绖"，困阻、妨碍。

语译：鯈、鮍这两种鱼，是喜好浮出水面就阳的鱼，一旦被岸上的土沙所搁浅，再去思念水，就已经来不及了。等到遭遇了祸患，再想要谨慎行事，也已经没有用了。有自知的人不会抱怨别人，知命的人不会怨恨上天。抱怨别人的人一定穷困，怨恨上天的人一定没有志识。因为自己的缘故才失去，却去抱怨别人，岂不是太不通情理了吗？

名句的故事

《周易·系辞上》曰："乐天知命，故不忧。"能够乐天知命的人，不会有

烦恼。

鲁定公十四年（公元前四九六年），由于齐国设计诱使鲁国君臣怠于政事、荒淫无礼，孔子在失望之余，率众弟子离开了鲁国。之后孔子到达卫国，受到卫灵公的礼遇，可惜没多久，卫灵公因听信谗言，竟派人监视孔子，孔子只好离开卫国，打算到陈国。当孔子行经卫国匡城时，匡人竟重重包围了孔子一行人，正当危急之际，孔子却仍不停地奏乐咏歌，且意态悠闲。子路着急地跑进去见孔子，并说："老师怎么还有闲情弹琴唱歌呢？"孔子回答："来，我告诉你。我想摆脱穷困已经很久了，可是还是不能避免，这是天命啊。我想寻求通达已经很久了，结果还是不能得到，这是时运不济啊。尧舜时，天下没有失意的人，这并不是人们的智慧高明；桀纣时，天下没有得意的人，这也不是人们的智慧低下，而是时势造成的。潜水不怕蛟龙，是渔父的勇气；入山不怕凶虎，是猎人的勇气；雪白的刀刃相交在眼前，把死亡看成是活着一样平常，是烈士的勇气。知道不得志是命运，知道显达是时机，面临巨大危难而不恐惧，是圣人的勇气。仲由啊，你去休息吧！我的命运已经由上天安排好了。"没多久，有士兵进来告诉孔子说："因为误认您是曾经带兵欺压匡城的阳虎，所以把您围困了起来。现在知道您只是跟阳虎长得相似，并不是阳虎，真是对不起，请您恕罪。告退了。"（《庄周·秋水》）尽管面临生命的威胁，孔子却依然坦然自在，无怨无尤，确实是"知命者不怨天"的典范啊！

历久弥新说名句

有一次，猫头鹰遇见斑鸠。斑鸠问猫头鹰："你要飞到哪儿去啊？"猫头鹰说："我要迁移到东方。"斑鸠疑惑地问："为什么呢？"猫头鹰回答："因为村里的人都讨厌我的叫声，所以才东迁。"斑鸠却说："如果你可以改变叫声，那还可以；如果不能改变叫声，就算迁移到东方，人家还是会讨厌你的叫声呀！"（《说苑·卷十六·谈丛》）昧于自知的人，只会受限于环境或人事的驱迫，不管到哪里都无法自在，因此而日益穷困；正如准备东迁的猫头鹰一样，明知道自己改变不了难听的叫声，却因为乡人厌恶就穷于到处搬迁，这样怎能不穷困？又怎能安定呢？

宋哲宗时，范纯仁因上奏谏言而得罪了当朝宰相章惇，于是被贬到岭南一带。当他接到朝廷的命令后，立即欣然前往，他说："我已经七十岁了，两个眼睛全盲，被贬到万里之外，难道是我所愿的吗？但为了我忠爱国君的心，如果不能竭尽心力，只想避讳追求好名声的嫌疑，那就没有机会做正确的事了。"所以他总是告诫孩子们不要有丝毫的不平，如果听到孩子们抱怨章惇的话，就一定会很生气地制止。在前往岭南任职的路上，范纯仁所坐的船在江中翻覆了，大家将他扶起后，发现衣服全湿了，这时候他回头对孩子们说："难道船翻了，也是章惇害的吗？"（《宋史·列传第七十三》）范纯仁曾经说过："吾平生所学，得之忠恕二字，一生用不尽。"因此，每每告诫孩子们说："人虽至愚，责人则明；虽有聪明，恕己则昏。苟能以责人之心责己，恕己之心恕人，不患不至圣贤地位也。"意思是说：就算是最愚笨的人，当他在责备别人的时候，却是清清楚楚的；可是一个非常聪明的人，当他原谅自己的时候，却是昏昧不明的。所以，如果能用责备别人的心来责备自己，用原谅自己的心来原谅别人，就不怕达不到圣贤的地位呀！范纯仁不因为被贬逐就埋怨他人、抱怨命运，真正做到"乐夫天命复奚疑"！

名句的诞生

况夫先王之道，仁义之统[1]，《诗》《书》礼乐之分[2]乎！彼固天下之大虑也，将为天下生民之属长虑顾后而保万世也。其流长矣，其温[3]厚矣，其功盛姚[4]远矣，非孰修为之君子，莫之能知也。故曰：短绠[5]不可以汲深井之泉，知不几[6]者不可与及圣人之言。夫《诗》《书》礼乐之分，固非庸人之所知也。

——《荣辱篇》

完全读懂名句

1. 统：本、始。

2. 分：音"fèn"，等、类。

3. 温：即"蕴"，意谓蕴积。

4. 姚：即"遥"。

5. 绠：音"gěng"，汲水用的绳子。

6. 几：隐微。

语译：何况先王的圣道，是仁义的根本，《诗》《书》礼乐之类啊！那真是天下最能深虑的，将是为天下人长虑顾后而能永保万代的智慧。先王的圣道源远流长，蕴积极为丰厚，功业盛大影响深远，如果不是精进修为的君子，是不会知道的。所以说：短的绳子不可以用来汲取深井内的泉水，智慧不能理解隐微道理的人无法让他了解圣人的言论。《诗》《书》礼乐之类，本来就不是凡庸的人所能知道啊！

短绠不可以汲深井之泉，知不几者不可与及圣人之言

名句的故事

齐桓公对管仲说："我想让国内的施政，像日月一般明朗，不论愚夫愚妇都说好，可以吗？"管仲回答："可以。但这并非圣人的做法。"桓公问："为什么？"管仲回答："短的井绳不能汲取深井里的水，知识浅薄的人也不能够和他谈论圣人的道理。对聪慧的人，可以跟他谈论一般事物；对明智的人，可以跟他谈论各种事物；对圣明的人，则可以跟他谈论所有事物。可见圣人的所作所为，并不是一般人所能达到的。一般百姓即使明知道别人高明自己十倍，还要和人争辩说：'他不如我啊！'如果别人高明自己百倍，就想尽办法挑人家的毛病；如果高明自己千倍，那是谁也不肯相信的。所以，百姓不可以轻易给予赞扬，但可以集中起来加以教导；不可以对他们暴虐残杀，但可以指挥而使他们归顺；不用挨家挨户去劝说，只要做出榜样示范就可以了。"（刘向《说苑·卷七·政理》）

齐桓公希望百姓们都颂扬他的治理，于是向管仲提出让政事透明化的想法，但管仲却以为未必可以收到成效，一来是因为百姓中优劣愚智的程度不同，各人的理解能力也有所差异，即使政事公开透明，也未必人人都能理解认同；再者，百姓的被管理者立场与政府的管理者立场不同，一旦管理者施政透明化，再加上人性里都有不肯轻易服人的劣根性，百姓便容易挑剔政府的毛病而不肯顺服，这样国家就会动乱不安，所以说这并不是圣人的做法。

历久弥新说名句

颜渊往东到齐国，孔子十分忧虑。子贡离开座位上前问道：

"学生大胆地请问：颜渊东往齐国，老师觉得担忧，这是为什么呢？"孔子回答："你问得很好。当年管仲曾经说过一句话，我觉得很好，他说：'小布袋不能包容大东西，短的绳子不能汲取深井里的水。'也就是说性命有它生成的道理，各种形体也有它适当的用处，是不能勉强改变的。我担忧颜渊向齐侯谈论尧、舜、黄帝治理国家的主张，再进一步推崇燧人氏、神农氏的言论。如果与齐侯心意相违背，而齐侯经过苦苦思索后仍不能理解的话，一定会产生疑惑，一旦疑惑而不问青红皂白，以为是在毁谤自己便迁怒对方，那么颜渊很可能就会被杀害了呀！"（《庄子·至乐》）

孔子的担心是在于他认为颜渊与齐侯的才学与器量不同，颜渊器大而齐侯器量小，器量小的人容易自满，容易自满的人不肯轻易接纳他人的建言，因此孔子担心齐侯会因为不能容忍颜渊的建言而将他杀了。

后汉许昌陈寔（shí）为人公正，有一次因故受牵连而被颍川太守处以剃发的刑罚。于是有位客人问陈寔的儿子陈元方说："你认为太守是怎样的一个人？"元方回答："是位高明的太守。"客人又问："那你的父亲又如何呢？"元方回答："是个忠臣孝子。"客人说："《易经》上说：'两人如果同心，他们合作的力量就锋利得足以切断金属；出自同心的言语，则可芬芳如兰，散播四方。'哪有高明的太守对忠臣孝子处以刑罚呢？"元方回答："您的话太不合理了，所以我不回答您。"客人却说："你只是借着弯背来冒充恭敬，却是不能回答的吧？"元方说："从前殷高宗因为后妻的缘故而放逐前妻所生的孝顺儿子孝己，周宣王的贤臣尹吉甫因为后妻的缘故而放逐前妻所生的孝顺儿子伯奇，西汉景帝大臣董仲舒因故放逐孝顺的儿子符起。这三位作为父亲的人，都是高明的君子；而这三位被放逐的儿子，也都是忠臣孝子。"客人听了，这才觉得惭愧而离去。(《世说新语·言语》)

陈元方并没有因为私情而怪罪颍川太守对父亲陈寔施以刑罚，可见十分通情达理，但客人对他的回答却充满质疑，元方知道他不能理解，所以就不想再回答，没想到客人反而更加出言不逊，于是元方随口便举出三个历史上明君贤臣放逐孝子的故事，让客人知道元方并不是不能答，而是不愿对已心生误解的人回答，这时客人才觉悟而羞愧地离去。

名句的诞生

求善处大重、理任大事，擅宠于万乘之国，必无后患之术：莫若好同[1]之，援贤[2]博施，除怨而无妨害人。能[3]耐任之，则慎行此道也；能而不耐任，且恐失宠，则莫若早同之，推贤让能，而安随其后。如是，有宠则必荣，失宠则必无罪。是事君者之宝而必无后患之术也。故知者之举事也，满则虑嗛[4]，平则虑险，安则虑危，曲重其豫[5]，犹恐及其祸，是以百举而不陷也。孔子曰："巧而好度必节，勇而好同必胜，知而好谦必贤。"此之谓也。

——《仲尼篇》

満則慮嗛，平則慮險，安則慮危

完全读懂名句

1. 好同：好与人同，意谓喜欢与人共处。好："hào"，喜爱。同：共处。

2. 援贤：引用贤人。

3. 能：有能力、有才能的人。

4. 嗛：音"qiàn"，不足。

5. 豫：预备。

语译：想要能够担任重要职位、处理大事，在万乘大国中得到专宠，且一定没有后患的方法：再也没有比喜欢与人共处，引用贤人，广博施惠，除去旧怨而不妨害别人的方式更好了。拥有才能而被任用，就要谨慎遵行这种方法；如果拥有才能却不能被任用，又担心失去恩宠，还不如早一点与人共处，推让给贤能的人，让自己安稳跟随在后。像这样，一旦得宠就必然会荣耀，就算不得宠也一定会无罪。这就是事奉君主最好且一定没有后患的方法。所以有智慧的人处理事情，当盈满时就会想到不足，平坦时就会想到障碍难行，安逸时就会想到危险，遭遇曲折时最重要的是懂得预备，如此尚且还怕会招来祸患，所以才能做很多事而没有过失。孔子说："灵巧的人喜爱法度就一定会有所节制，勇敢的人喜欢与人共处就一定能够得到胜利，明智的人喜爱谦虚就一定贤良。"说的就是这个道理。

名句的故事

孔子说："凡事豫则立，不豫则废。言前定，则不跲（jiá）；事前定，则不困；行前定，则不疚；道前定，则不穷。"（《中庸》第二十章）。意思是说：任何事情，不论说话、做事、行动或原则，只要能事先备妥，就不会有词穷、困难、后悔或行不通的时候。反之，则会窘迫遭困。所以孔子又说："人无远虑，必有近忧。"（《论语·卫灵公》）因此，无论什么事情都应该有备无患，才会成功。

晋悼公英明有为，重用贤士，广纳忠言，因此，国势逐渐强盛，许多国家都争相和晋国结盟，其中郑国也想依附晋国，可是邻近的楚国却一直虎视眈眈，于是郑穆公的孙子子展便想出一个办法："如果我们攻打宋国，诸侯军一定会攻打我们，到时我们听命于诸侯，同时向楚国报告；等到楚军攻来时，我们就和楚国结盟，再用重礼贿赂晋国，这样就可以确保安全了。"郑国于是攻打宋国，最后果然达成与晋国结盟的目的。郑国派人送给晋悼公许多贵重礼物。晋悼公把其中一半的乐器赐给副帅魏绛，说："您教导我与戎狄各部和好，八年中九次会合诸侯,诸侯们像音乐一样和谐,就让我和您一起享用这些乐器吧!"魏绛辞谢说:"与戎狄和睦共处,这是国家的福气;八年中九会诸侯,这是国君的威灵、将帅们的功劳,我哪有什么功劳呢?我只是希望国君您能安于快乐而又常能想到如何善终。《尚书》上说:'居安思危。'想到危难就有所戒备,有所戒备就没有祸患。"晋悼公说:"您的教导,我岂敢不接受?只不过,这赏赐是国家典章所规定的,不能废弃,请您还是接受吧。"魏绛这才接受晋悼公的赏赐。(《左传·襄公十一年》)

虽然郑国归服,让晋悼公更奠定中原霸主的地位,不过魏绛恐怕悼公因此而骄傲怠忽,才会再三提醒:唯有居安思危、有备无患,才是国家长治久安之道呀!

历久弥新说名句

魏徵是唐太宗时有名的谏臣,他曾在《谏太宗十思疏》一文中说:"不念居安思危,戒奢以俭,德不处其厚,情不胜其欲,斯亦伐根以求木茂,塞源而欲流长者也。"意思是说:如果不能够居安思危,戒奢崇俭,不多行仁政,克制不住欲望的话,就像伐去树根却要树木长得高大、堵住源头却要水流得长远一样是不可能的事。因此,他向唐太宗提出了十思:"见可欲,则思知足以自戒;将有作,则思知止以安人;念高危,则思谦冲而自牧;惧满盈,则思江海下百川;乐盘游,则思三驱以为度;忧懈怠,则思慎始而敬终;虑壅蔽,则思虚心以纳下;想谗邪,则思正身以黜恶;恩所加,则思无因喜以谬赏;罚所及,则思无以怒而滥刑。"魏徵希望唐太宗能够知足而不贪求欲望、施政适可而止不扰民;身居高位宜谦虚自我修养;

担心骄傲自满而招祸就要像江海低下纳百川；每年打猎游乐以不超过三次为限；防备懈怠就要自始至终都小心谨慎；担心受蒙蔽就要雅纳谏言；杜绝谗言就要立身端正；不胡乱施恩；不无故滥刑——这样就可以实施教化，做一个圣明的君主了。

　　魏徵的十思是基于居安思危的立场，希望唐太宗能够做一个德化于民的圣君，让国家可以长治久安。因为人一旦习于安逸，就很容易苟且偷安，即使危险发生了也不在意，甚至到了无可救药的困境。

名句的诞生

少事长，贱事贵，不肖事贤，是天下之通义也。有人也，势[1]不在人上，而羞为人下，是奸人之心也。志不免乎奸心，行不免乎奸道，而求有君子圣人之名，辟[2]之是犹伏而咶[3]天，救经[4]而引其足也；说必不行矣！俞[5]务而俞远。故君子时诎[6]则诎，时伸则伸也。

——《仲尼篇》

完全读懂名句

1.势：地位。

2.辟：音"pì"，通"譬"，意指譬喻。

3.咶：同"舐"，舐物。

4.经：自经，意谓自缢。

5.俞：音"yù"，同"愈"。

6.诎：音"qū"，同"屈"。

语译：年少的人事奉长辈，低下的人事奉尊贵的人，不贤的人事奉贤能的人，这是天下的通常道理。如果有一个人，他的地位不在别人之上，却又羞于居人之下，这是奸邪之人的想法。他的意志不免沾染了奸邪的心思，他的行为也不免接近奸邪的举动，而想要求得君子、圣人的名声，就好像是伏下身体却想要舐天，想要救自缢的人却拉着他的脚一样；这种说法一定行不通！简直是愈务求，距离却愈远。所以君子处世应是该屈就屈，能伸则伸。

名句的故事

晏子到晋国的路上遇见一个头戴破帽、反穿皮衣、背着干草在路边休息的人。晏子见他气度不凡，以为是个君子，便问他的来历，那人说："我是越石父。因为挨饿受冻，只好为人仆役，已经三年了。"于是晏子帮他赎身，并载他回齐国。晏子回到家后，没有向越石父打声招呼就直接走进内室，越石父很生气地请求与晏子绝交。晏子派人问他："我还没有与您结交呀！您做奴仆三年，今天我才见到您并替您赎身，难道我对您还不好吗？为何这么快就要和我绝交？"越石父回答："我听说，士人在不了解自己的人面前可以忍受屈辱，但在了解自己的人面前就可以挺胸做人。所以君子不会因为有功于人而轻视别人，也不会因为他有功而甘愿屈身于人。我当别人的奴仆三年，是因为没有人了解我；今天您赎回了我，我认为您是了解我的。可是刚才乘车时，您不谦让就先上了车，我以为您是忘记了；现在您又不跟我打声招呼就进屋，这与把我当奴仆看待是相同的。所以，我还是暂且去当奴仆，请您将我卖给世人吧！"晏子听了，立刻走出内室，向越石父郑重道歉，并命人打扫门庭，更换筵席，向他敬酒致礼。（《晏子春秋·卷五·内篇·杂上第五》）

越石父认为"士者，诎乎不知己，而申乎知己"，因此失意的时候，能够为人仆役三年，静待时机，希望一朝能获赏识而得以施展抱负，可见"丈夫之志，能屈能伸"。（《幼学琼林·卷一·武职类》）当晏子为他赎身时，越石父以为遇上了知己，但没想到晏子却以一般方式对待他，并不以为他是知己，因此才请求绝交。晏子了解缘由后，衷心认错，并不因为自己对越石父有功而自满无礼，可见胸襟十分宽阔伟大。

历久弥新说名句

鲁宣公十二年（公元前五九七年）春，楚庄王率兵围攻郑国都城十七日，郑国人誓死守城，于是楚庄王暂时退兵。郑国人则修筑城墙，当楚军再次包围郑都三个月后，攻破郑都。郑襄公脱去上衣，露出肩背，牵着羊迎接楚庄王，说道："这是我的罪过，岂敢不唯命是听？如果要把我俘虏到江南，放逐海边，也只听您的吩咐；如果要灭亡郑国，把郑地分赐诸侯，让郑国人做奴仆婢妾，也只听您的吩咐。如蒙您顾念旧好，托周厉王、周宣王、郑桓公、郑武公的福，不灭他们的封国，让郑国成为楚国的属县，这是您的恩惠，也是我的心愿，但不是我所敢指望的。请您慎重考虑吧！"楚国官员都说："不能答应他的要求。"但楚庄王却说："郑国的国君能够屈居别人之下，必定能够取信于民，而百姓肯为他效命，郑国恐怕还是有希望的，岂可灭亡他们呢？"于是楚国退兵三十里而与郑国议和。（《左传·宣公十二年》）

郑襄公于城破后，肉袒牵羊，迎接楚庄王入城，低声下气，请罪求降，不复君王姿态，亦是能屈能伸；因此，楚庄王认为郑襄公"必能信用其民"，如此君民一心，国力仍不可小觑，所以才退兵议和。

官人守数，君子养原；原清则流清，原浊则流浊

名句的诞生

合符节，别契券者，所以为信也；上好权谋，则臣下百吏诞诈之人乘是而后欺。探筹投钩[1]者，所以为公也；上好曲私，则臣下百吏乘是而后偏。衡石称县[2]者，所以为平也；上好倾覆，则臣下百吏乘是而后险。斗斛敦概[3]者，所以为啧[4]也；上好贪利，则臣下百吏乘是而后丰取刻与，以无度取于民。故械数[5]者，治之流也，非治之原也。君子者，治之原也。官人守数，君子养原；原清则流清，原浊则流浊。

——《君道篇》

完全读懂名句

1. 探筹投钩：相当于现代的抽签、掷签方式。

2. 县：通"悬"，和"衡"一样，都是测量的器具。

3. 斗斛敦概：量器名。概：量米的工具。

4. 啧：通"赜"，实际的情形。

5. 械数：器具制度。

语译：验合符节，辨别契券，是为了表示诚信；在上位的人喜好权谋诈术，则在下位的官吏乃至狡诈之徒就会利用这些东西以从事诈欺。抽签掷签，是为了表示公平；在上的人喜欢阿比营私，则在下位的官吏就会利用这些东西来做出偏私的事情。度量衡等器具，是为了达到均平；在上位的人喜好倾覆，在下

位的官吏就会利用这些东西犯险舞弊。斗斛敦概等量器，是为了测量实际的情形；在上位的人贪求利益，则在下位的官吏就会利用这些东西来多收少给，没有限度地压榨百姓。所以器具制度，是治理国家的末流，而不是治理国家的本源。君子才是治国的本源。官吏守着制度，君子要培养本源。本源清澈，末流就会清澈；本源混浊，末流就会混浊。

名句的故事

古人称成年男子为"堂堂七尺之躯"，然而，"七尺"到底是多高？以现在的台尺来换算，七尺大约等于两百一十五点六厘米，不可能是古时正常成年男子的高度。若用清代的度量衡来算，七尺等于两百二十四厘米，那就更不可能了。如果把时间往回推，清代的一尺约等于三十二厘米，明代的一尺约为三十一厘米，隋唐是二十九到三十一厘米之间，两汉魏晋则是二十三到二十四厘米之间，而周代的一尺甚至不到二十厘米。

一尺多少厘米的问题其实不只是数学问题，也是历史问题，更是社会问题。为什么这么说呢？因为古时缴税，收的往往不是金钱而是布匹谷物，一般人民每年要交多少米、多少布，制度上规定得一清二楚。同时，为了表示公正，丈量布匹谷物的轻重长短时，一律以公家单位所测量的为准。公家单位的测量器具则完全依照中央颁布的标准制度。

问题就出在这里！假定以一尺二十厘米来计算，每年要交十尺长的布，那么就是二百厘米，若是以一尺三十厘米来计算，则每年十尺长的布，就是三百公尺。换言之，政府不用另征税收，只要更动度量衡，就可以多收百分之五十的税金。尺的长度之所以会随着时间的流逝而增加，这就是最大的原因！

一般官吏也懂得用度量衡来牟取暴利。一般人民在还没收成或收成不足时，往往会向官府借贷，这时官吏拿出来的是较小的秤或斗，所以实际上借给人民的会比较少。当人民偿还债务时，官吏会拿出较大的秤或斗，所以实际上收到的会比较多，若再加上利息，人民等于是被剥了两层皮。

虽然法律会对这类官吏科以重罚，但是中央早已做了最差的示范，所以又怎么可能禁绝官吏的舞弊呢？荀子说："官人守数，君子养原；原清则流清，原浊则流浊。"这话想必是看尽了百姓痛苦，而后发出的沉痛感慨吧！

历久弥新说名句

有一回，汉文帝问右丞相周勃："目前国内一年有多少诉讼案件？"周勃回答不出来。汉文帝又问周勃："目前国内一年的总税收有多少？"周勃还是答不出来。皇帝连续两个问题，都让周勃答不出来，这让周勃非常难堪。汉文帝又问左丞相陈平同样的问题。陈平回答说："要知道国内一年有多少诉讼案件，就要找负责司法案件的廷尉回答；要知道国内一年的总税收有多少，就要找负责经济问题的治粟内史回答。每件事都有主管官员可以负责。"文帝脸色一沉，质问陈平："既然每件事都有主管官员可以负责，那么要你这丞相有什么用？"陈平不慌不忙地回答："丞相负责管理所有的官员。"

国内的事务繁多，统治者不可能知道所有细节，也不可能处理好所有的事务，所以必须分派工作给各个阶层的官吏来负责。统治者只需确保各阶层的官吏都能切实执行自己的任务即可。

然而，统治者要如何确保下属切实执行任务呢？除了建立考核制度外，统治者更要以身作则，表达出对制度的尊重。孔子说："其身正，不令而行；其身不正，虽令不从。"所以统治由"修身"开始。若是统治者知法玩法，底下的臣民自然有样学样，试图钻法律制度的漏洞，国家又怎么治理得好呢？不只是管理国家，管理任何一个团体的人都该有此认知。

凡百事之成也必在敬之，其败也必在慢之

名句的诞生

凡百事之成也必在敬之，其败也必在慢[1]之。故敬胜怠则吉，怠胜敬则灭，计胜欲则从[2]，欲胜计则凶。战如守，行如战，有功如幸[3]。敬谋无圹，敬事无圹[4]，敬吏无圹，敬众无圹，敬敌无圹，夫是之谓五无圹。

——《议兵篇》

完全读懂名句

1. 慢：轻慢。

2. 从：吉。

3. 有功如幸：有功劳就以为是侥幸获得的，比喻不骄傲。幸：侥幸。

4. 圹：通"旷"，懈怠。

语译：大凡一切事情的成功关键都在于恭敬谨慎，失败的原因都在于轻忽懈怠。所以恭敬谨慎胜过轻忽懈怠就会大吉，轻忽懈怠胜过恭敬谨慎就会灭亡，计虑胜过欲望就会吉祥，欲望胜过计虑就会凶险。交战时如同防守，行军时如同交战，有功劳就像侥幸得到的。对于谋划不轻忽懈怠，对于做事不轻忽懈怠，对于用人不轻忽懈怠，对于众人不轻忽懈怠，对于敌人不轻忽懈怠，这叫五不懈怠。

名句的故事

蜀汉大将关羽奉命防守荆州，智

勇兼备的他使得东吴军队不敢越雷池一步。东吴吕蒙想了一个办法来对付关羽。他装病不出，并让年轻的陆逊代理自己的职务。陆逊上任后，刻意表现极度地谦卑。关羽本已瞧不起年轻的他，更误以为他只是个怯懦之人，便轻率地出兵攻打北方的曹魏，而给了东吴可乘之机。后来，关羽败走麦城，身首异处。

论武力，论智谋，关羽绝对是才不世出的英雄人物，但是一个大意，非但失掉了荆州这个重要的关卡，也丢掉了自己的性命。他的义弟张飞一心替他报仇，却死于部将之手；他的义兄，也就是蜀汉的君主刘备，为了两个义弟而兵发东吴，再次犯下轻敌的过失，惨遭大败，不久病亡。

关羽大意失荆州，损失的不仅是蜀汉的领土与部将。蜀汉和东吴之间的纷争，让诸葛亮联吴抗曹的战略遭受挫折，险些给曹魏坐收渔翁之利。

战场上瞬息万变，一个小小的失误，极可能造成一连串的重大失败。荀子说："凡百事之成也必在敬之，其败也必在慢之。"关羽的失败，足以证明这个论点。

历久弥新说名句

伦德斯是俄国著名的化学家。有一天，他那就读中学的儿子拿了一道学校老师发的习题来问父亲。中学的化学题目怎么可能有多难？他一面这么想，一面随手就写出了答案。第二天，他的儿子回来告诉他："答案写错了！"怎么可能？一定是老师错了。可是当他仔细地再检查了一下题目及答案，才讪讪地承认："嗯，是我错了！"

中学的化学题目竟然难倒了著名的化学家？是学校的题目

太难了吗？绝对不是！关键在于伦德斯答题时的态度。诚如荀子所说的："凡百事之成也必在敬之，其败也必在慢之。"对于困难的化学问题，伦德斯会用谨慎的态度去面对，所以他才能在化学方面有所成就，但是对于早就学会的基础化学题，伦德斯却用轻忽的态度去面对，所以他会犯错。不管是因为无知而犯错，或是因为轻忽而犯错，犯错的结果都是一样的。

名句的诞生

凡人之患，蔽于一曲[1]，而暗[2]于大理。治则复经，两疑[3]则惑矣。天下无二道，圣人无两心。今诸侯异政，百家异说，则必或是或非，或治或乱。

——《解蔽篇》

完全读懂名句

1. 一曲：局限于一偏的道理，指偏见。

2. 暗：不明了。

3. 两疑：莫衷一是的态度。疑：通"拟"，比拟。

语译：大凡人的毛病，总是被偏见所蒙蔽，而不明了周遍正大的道理。纠正了偏见，就会回复到恒常的道，抱持着莫衷一是的态度，就会昏乱疑惑。天下没有两个真理，圣人不会有两种心意。现在诸侯各有不同的政令，学者各有不同的学说，那么就一定有的是对的，有的是错的，有的使社会安定，有的使社会混乱。

名句的故事

庄子说："吾生也有涯，而知也无涯。"知识的世界是如此辽阔，所以每个人都会有无知的时候。

无知并不可怕，可怕的是强不知以为知，明明自己是一知半解，却以

凡人之患，蔽于一曲，而暗于大理

为自己已经全部知道了。所以孔子告诫学生说:"知之为知之,不知为不知,是知也。"为的就是怕学生犯了强不知以为知的毛病。

强不知以为知有两种情形,一种是囿于见闻,就是荀子文中"不登高山,不知天之高也"的那种人。这种人一旦听闻大道,还有纠正偏见的机会。另一种人是昧于是非,明明听闻的是更加美好的大道,但却拒绝接受,因为接受就等于承认自己从前的错误。不但拒绝接受大道,更因嫉妒而试图加害通晓大道者。老子说:"下士闻道,大笑之。"这类人却比"下士"更加等而下之。纣王杀害比干就是如此。

比干劝纣王不可倒行逆施,纣王不听,反而嘲讽比干:"你自以为是圣人,可是圣人的心有七窍,我倒要看看你的心是不是有七窍。"于是就挖出了比干的心脏。

没有一个统治者希望天下大乱,只是他们有的认为自己的武力足以慑服众人,有的认为自己的智谋可以控制臣民,以致听闻圣贤的道理而不肯信,"蔽于一曲,而暗于大理"的人,确实是很多。

历久弥新说名句

有一个东方来的骑士和另一个西方来的骑士在树林中相遇。东方来的骑士看到一棵大树上挂着一面盾牌,就对西方来的骑士说:"咦?树上怎么会挂着一面黑色的盾牌。"西方来的骑士说:"你看错了吧!那明明就是一面白色的盾牌。"东方来的骑士认为西方来的骑士是为了侮辱他,才会故意颠倒黑白,气得拔出剑来和他决斗。

一番激战后，东、西方来的骑士两败俱伤，彼此互换了位置，躺在地上奄奄一息。这时，两名骑士抬头看到挂在树上的盾牌，都惊讶得说不出话来。因为东方来的骑士看到的是白色的盾牌，西方来的骑士看到的则是黑色的盾牌。原来，盾牌的两面分别漆上了黑与白两种不同的颜色。

　　同一个事实，从不同的角度去看，往往会得到不同的结论。问题不在于是否要接受对方的观点，而在于肯不肯去探究事实的真相。

进则近尽，退则节求

道者，进则近尽，退则节求，天下莫之若也。

——《正名篇》

完全读懂名句

语译：有"道"之人，进而在位，就会使私欲接近于除尽；退而在野，就会节制自己的求取。天下是没有人比得过他的。

名句的故事

荀子以为，人的本性是天生的，人的情感则是本性所具备的，人的私欲则是情感的反应。主动去追求"想要"得到的东西，这是人在情感表现上不可避免的现象；主动去引进认为"可以"得到的东西，这是从理智所表现出来的。所以，即使是一个守门的小官吏，私欲也无法去除，因为它是人性中所具备的元素；而即使贵为天子，私欲也无法除尽，但是可以设法让它几近不存在。换句说话，君王虽然无法完全鄙弃自己的私欲，但是可以通过节制来克制自己的欲望。

荀子在本文中，对于人的欲望的

存在，给予肯定的态度，但欲望必须被合理地节制、被合理地引导，不可放纵欲望；也就是说，我们要用理智来控制欲望。欲望其实是一种需求上的满足，满足欲望的同时，也必须考虑是否有合理的财富可以获取想要的物质。换句话说，财富与物质必须能够相互搭配，当经济状况允许时，人才具备追求欲望实现的权利。

荀子肯定欲望，并提出让欲望合理发展、合理控制的见解，其目的应该不只是要对战国时代的经济掠夺有所改善，也希望能对政治上的你争我夺有所约束。

历久弥新说名句

唐朝的吴兢在《贞观政要》中便劝诫："乐不可极，极乐成哀；欲不可纵，纵欲成灾。"享乐不可以过分，一旦过分到了极点就会带来悲哀；欲望不可放纵，一旦纵欲过度就会酿成灾祸。一语道中人性欲望必须有所节制之故。

而荀子谈到欲望的节制，简单来说就是"去私"二字，特别是针对在朝为官者，因为为官者只要放纵个人私欲的发展，通常会导致身败名裂。西晋儒者傅玄在《傅子·问政》中说："政在去私，私不去则公道亡，公道亡则礼教无所立。"为政的关键在于摒除私欲，私欲不去，公义道德就会消失，没有公义道德，也就没有所谓的礼教。西汉经学家刘向在《说苑·至公》也提及："治官事则不营私家，在公门则不言货利。"意即在政府当官，不能考虑到个人的事情，也不能谋求个人的利益。

"去私"如果应用在家庭上，就如谚语所常提到"妻贤夫祸少"，妻子贤惠、物质欲望低，丈夫就无须为财富奔波，会面临的祸害自然就少了。当一个人有了功名利禄还要切记："贫贱之交不可忘，糟糠之妻不下堂。"（《南史·刘悛传》）即当飞黄腾达之后，别忘了贫困患难时结交的朋友，也不能抛弃当初共同患难的妻子。这些都是欲望节制的表现。

《菜根谭》中说："饮宴之乐多，不是个好人家；声华之习胜，不是个好士子；名位之念重，不是个好臣工。"经常宴客作乐的，绝对不是一个正派的家庭；喜欢纵情声色、穿戴华服者，绝对不是一个好的读书人；对名利和权位的欲望太重者，绝对不会是个好官吏。这当是中国人教育子弟所奉行的圭臬吧，唯恐个人欲望过多，毁损了该有的生活伦理与社会伦理！

名句的诞生

心平愉，则色不及佣[1]而可以养目，声不及佣而可以养耳，蔬食菜羹而可以养口，粗布之衣、粗紃[2]之履而可以养体。局室、芦帘、藁蓐[3]、敝[4]机筵[5]而可以养形。故虽无万物之美而可以养乐，无势列之位而可以养名。如是而加天下焉，其为天下多，其私乐少矣。夫是之谓重己役物。

——《正名篇》

完全读懂名句

1. 佣：通"庸"，平常。

2. 紃：音"xún"，粗麻绳。

3. 藁蓐：藁，音"gǎo"，指稻草或其他黍蓬类干燥的茎。蓐，同褥，坐卧时铺在身体下面的垫子。如：床褥、被褥。唐韩偓《已凉诗》："八尺龙须方锦褥，已凉天气未寒时。"亦称为"褥子"。

4. 敝：破旧。

5. 机筵：几桌。

语译：内心平静愉快，就算是看到极为平常的颜色，也很悦目；听到平常的声音，也觉得悦耳；吃着粗茶淡饭也感到可口；穿着粗布衣裳、粗麻鞋，也会觉得舒适；住在狭小的房子，用芦苇帘子、稻草被褥、破旧桌椅也感到身心愉快。所以没有享受万物的美好却可以保持快乐，没有权势爵位却能保持名声，让这样的人管理天下，那他必然能为天下操劳多，个人的享乐少，这就叫作尊重自己而役使万物。

名句的故事

在生活困顿中，仍可以感到生命的愉快，"无万物之美却可以养乐，无势列之位可以养名"，在历史人物中，孔子的得意门生——颜回该是当仁不让。

颜回是春秋鲁国人，他的家境贫困，在《论语》中孔子赞美他："贤哉回也，一箪食，一瓢饮，居陋巷，人不堪其忧，回也不改其乐，贤哉回也。"颜回吃的是粗陋饮食，住的是破旧房子，生活清苦俭朴，但他却能安贫乐道，从不觉得苦，而且还努力求学问修养品德，过得很快乐。

颜回的修养好，不高兴时不会把怒气发泄在别人身上，如果不小心犯错，也不会再犯同样的错，因此孔子说他："有颜回者好学，不迁怒，不贰过。不幸短命死矣，今也则亡，未闻好学者也。"唉！颜回有才无寿，英年早逝，孔子对此非常难过，还发出"天丧予？"的感叹，因颜回是孔子众多学生之中，德行修养最好的一个，后人尊称他为"复圣"。

历久弥新说名句

打造微软王国的世界首富比尔·盖茨向世人宣布，他将在公元二〇〇八年交棒，退休后全力投入盖茨基金会的工作，他说："伴随财富而来的便是责任，……也就是要去帮助最需要帮助的人。"他期待自己能够由"企业界的盖茨"成功转型为"慈善的比尔·盖茨"。

比尔·盖茨贵为世界首富，然而，让人意想不到的是他没有自己的私人司机，公务旅行不坐飞机头等舱却坐经济舱，衣着也不讲究名牌；更让人不可思议的是，他还对打折商品感兴趣，不愿为泊车多花几美元，并为这些"小钱"斤斤计较。比尔对金钱最真实的看法是："我只是这笔财富的看管人，我需要找到最合适的方式来使用它。"他非常讨厌那些喜欢用钱摆阔气的人，他说："如果你已经习惯了过分享受，你将不能再像普通人那样生活，而我希望过普通人的生活。"比尔甚至公开表示："我不会将自己的所有财产留给自己的继承人，因为这样对他们没有一点好处。"这样的态度，让他选择了将金钱投入公益。

因此，近年来，比尔·盖茨最为人津津乐道的是他引领了一股企业家公益精神，亲自从事社会公益活动，他善用自己的魅力，让一般大众，甚至是政治人物都能自动自发为公益事业尽一份力，用心于扶助穷人、消灭饥荒与对抗艾滋病。比尔·盖茨还发明了一个新的名词，叫作"创新资本主义"，以为"只需要多一点力量，多一点舆论的帮助，就可以帮助这个资本主义运作得更好，帮助在底层的那些人"。

比尔·盖茨的想法影响了他的挚友——财富仅次于他的投资大师沃伦·巴菲特随后跟进，宣布捐出家产的百分之八十五捐助比尔·盖茨的慈善基金会。巴菲特说："我对于富可敌国并不热衷，尤其是在世界上还有六十亿人比我们穷的时候。"这些富豪的信念就是有钱人应该好好利用手中的财富来回馈社会，发展教育改善贫穷，对抗疾病，让世界朝更好的方向发展。

一个人若能实践"无万物之美而可以养乐，无势列之位而可以养名"是值得赞赏的；但是一个人在财富中还保持俭朴生活、运用财富回馈世界，那更是令人佩服。

刑不过罪，爵不逾德

名句的诞生

古者刑不过罪，爵不逾德。故杀其父而臣其子，杀其兄而臣其弟。刑罚不怒罪，爵赏不逾德，分然各以其诚通。

——《君子篇》

完全读懂名句

语译：古代的人，刑罚不会超过他的罪名，爵位不会超越他的德行。所以，处死了一个人的父亲，但仍然可以任命他的儿子为臣；处死了一个人的兄长，仍可任命他的弟弟为臣。刑罚不会迁怒到问罪于他的家人，爵位赏赐不会超过这人所应得的，刑赏区分清楚就能相互联结实施。

名句的故事

在荀子的规划下，君王有超越他人的尊贵、意志与权势，他并引用《诗经》的说法："普天之下，莫非王土；率土之滨，莫非王臣。"天下所有的土地，没有一处不是君王所管辖；四海之内，都是君王的臣民。而这就是"圣王"的德政。

有圣王的带领，每一个社会阶级都会展现出合乎礼教规范的行为，读书人不会有荒诞的行为，做官的人不会偷懒怠惰，平民百姓不会有背离常理的风俗习惯，也不会出现小偷、强盗的情事，更不会出现违反国家朝廷所制定的行为规范。因为天下百姓都很清楚，偷窃的人无法成为富豪，迫害他人的人无法善终，违反圣王订定的制度无法获得安定的生活。只要跟随圣王的规划而行，人们就可以过着想要的生活；如果违反圣王的制度，必然会遇到自己所讨厌的事情。

荀子接着引用《尚书》："凡人自得罪。"意思是说，人会犯罪都是咎由自取，都是自己所造成的。一旦犯罪，就得接受法律的审判，但是不会有"连坐法"，不会牵累到他的亲人或朋友。这就是圣王治理的天下，刑罚与赏赐都是公平的。

但乱世就不是这样。如果一人犯罪，动辄株连三族亲人；如果一人显达，即使他像夏桀、商纣般恶劣，其亲族也都会加官晋爵。这么一来，天下想不大乱也难！荀子在本篇句末提到的这段，就是形容他自己身处的时代，所以他推出"圣王"理论，想要解决这个问题。

历久弥新说名句

晋悼公是重振晋国霸业的关键人物。他对外不仅与戎狄交好，还消弭诸侯间的冲突；对内则是拔擢贤才，解决人民的生计问题。因此史家称赞他："举不失职，官不易方，爵不逾德，师不陵正，旅不逼师，民无谤言，所以复霸也。"（《左传·成公》）被提拔的人不会疏于职责，做官的人不会任意更改律法，被封的爵位不会超过他的德行，作战的师团不欺凌将帅，军旅不会威逼师团，百姓没有责备之言，这就是晋悼公成功的原因。

《三国志》记载，张裔受到诸葛亮的重用，原本被封为参军，后来诸葛亮带兵伐魏时，改封为丞相长史，留守后方，处理日常政务。张裔曾称赞诸葛亮说："公赏不遗远，罚不阿近，爵不可以无功取，刑不可以贵势免，此贤愚之所以佥忘其身者也。"意思是说，诸葛亮在行赏时，不会遗漏与自己比较疏远的人；处罚时，也不偏袒与自己亲近的人；要加封官禄时，不允许没有功劳的人获取；要论定罪刑时，不会因为对方是权贵而有免除。这就是诸葛亮可以让贤能的人和愚笨的人，都愿意忘身报国的原因。

名句的诞生

刑称陈[1]，守其银[2]，下不得用轻私门。罪祸有律，莫得轻重，威不分。

——《成相篇》

完全读懂名句

1.陈：方法。

2.银：通"垠"，界线。

语译：刑罚实施有方法，遵循法制的界限，不得减轻私下请托的权臣豪门的罪行。任何罪行都有判刑的条款，不得任意减轻或加重，否则会丧失法律的尊严。

名句的故事

　　荀子同意人们应该有追求合理财富的权利，但并不同意人的欲望可以被放纵。他认为适度的刑罚是必要的，特别是一个人的行为好坏应该要反映到他的社会地位，所谓"罪至重而刑至轻，庸人不知恶矣，乱莫大焉"（《正论篇》）。重罪却轻判，这会让一般老百姓不知道什么是恶，造成社会乱象呀！

　　所谓罪与刑相符，就是使刑罚的强度与犯罪的程度，相互对照，过轻

罪祸有律，莫得轻重，威不分

或过重的判决都会伤害法律的尊严。荀子最厌恶的就是我们熟知的"连坐法",就是罪及亲族的制度,一人有罪便牵累到他的父母、妻子,甚至亲族。这就是"罪祸有律"。

所以荀子的法治思想中,合宜的律法,公正地执行,才能达到"赏一劝百,罚一惩众",就像是《文子·上义篇》所说的"赏一人而天下趋之,罚一人而天下畏之",这样才能发挥赏与罚的边际效果,并借此进用贤能之人,罢退不肖之徒。

然而刑罚并非治理国家的根本,它应该只是一种手段,治理国家的根本之道还是实行礼义。例如孔子说:"礼乐不兴则刑罚不中,刑罚不中则民无所措手足。"(《论语·子路篇》)礼乐不能兴盛,那么论刑执罚时就会不恰当;刑罚如果不恰当,人民就不知如何是好了。

历久弥新说名句

齐景公三十二年(公元前五一六年),天空中出现了彗星。齐景公坐在柏寝台上叹息说:"这么漂亮的亭台,最终会到谁的手中呢?"大臣们听了都流下泪来,只有晏婴因为觉得大家太谄媚了,反而笑了起来。齐景公说:"彗星出现在东北方,这正是齐国的位置,我正为此担忧呀!"晏婴回答说:"君王您大兴土木,唯恐租税收得太少、刑罚施行得还不够,最凶的茀星都可能会出现,还怕什么彗星呢?"

齐景公听完后便问,有没有什么方法可以解除彗星将带来的灾害。晏婴说:"如果祈祷可以使神明降临,那么祈祷也可以使它离去。只是百姓们的怨恨数以万计,太祝一个人的祷告,怎么能够胜过众人的怨恨声呢?"当时齐景公喜欢大造宫室、

豢养狗马、奢侈无度、课征重税、实施酷刑，所以晏子便乘机劝诫齐景公。(《史记·齐太公世家》)

《尚书·吕刑》记载："刑罚世轻世重，惟齐非齐，有伦有要。"这个观念是周朝时期提出的主张，意思是说，刑罚的轻重要根据当世的社会环境来决定，要因时制宜、因地制宜、因罪制宜，所谓新诞生的朝代要用轻典，太平盛世要用中典，乱世则要用重典。这其实也是罪祸有律、刑罚轻重分明的最佳写照！

聪明圣知，守之以愚；功被天下，守之以让

名句的诞生

孔子曰："聪明圣知，守之以愚；功被[1]天下，守之以让；勇力抚世，守之以怯；富有四海，守之以谦；此所谓挹[2]而损之之道也。"

——《宥坐篇》

完全读懂名句

1. 被：音"pī"。

2. 挹：谦退的意思。

语译：孔子说："聪明和智慧高深的人，要善于藏拙，要大智若愚；功劳威震天下的人，不能居功自傲，要保持谦让的态度；健壮骁勇的人，不能恃才傲物，要懂得有所顾忌；财富八方的人，切忌奢华享受，要懂得节俭。这就是谦让，并抑制自满的方法。"

名句的故事

这句名言是出自《荀子·宥坐篇》。"宥坐"是一种器皿，是一种"敧（qī）器"，即像一截竹筒，中部作轴，架放在两根立木中间，是古代一种利用物体重心位置移动原理制成的汲水和盛水器具。当它里面没有水时，这个器具便会歪斜；水放得刚刚好时，这个器具便会端正；如果水放得太满，器

具就会倾覆。这也就是孔子在本篇名句之前所说的："吾闻宥坐之器者，虚则欹，中则正，满则覆。"的意思。

孔子所说宥坐器"挹而损之"的道理，在《淮南子》里有另一番记载："夫物盛而衰，乐极而悲；日中而移，月盈而亏。是故聪明睿智，守之以愚；多闻博辩，守之以陋；武力毅勇，守之以畏；富贵广大，守之以俭；德施天下，守之以让；此五者，先王所以守天下而弗失也。"

孔子在《淮南子》中，直接说出宥坐器"物盛而衰，乐极而悲；日中而移，月盈而亏"的智慧，建议君主治理国家应该采取"藏拙""谦和节制""敬畏""简约粗陋""谦退"等态度，才不会失去天下百姓。

"谦"即是万物生存的自然法则，也是盈亏、满虚之间的一种"中道"，只要谨守这个中道，万物即能和平立世。这又与《易经》中"谦卦"的智慧不谋而合。六十四卦的每一卦都含有会变动的六爻，也就是所谓的六种变化的条件会造成六种不同的结果；但是只有"谦卦"的六爻无论如何变动，都会是吉卦，因为这六爻的基本内涵就是"谦"，就是"中道"，中道会为大家带来吉祥。

历久弥新说名句

《史记·越王勾践世家》记载，话说范蠡虽然跟随勾践二十余年，协助勾践雪刷了"会稽之耻"，但是他深感"大名之下，难以久居"。套句白话文就是范蠡发现自己"功高震主"，特别是他也觉得"勾践为人可与同患，难与处安"，所以选择轻装简从地离开"一人之下、万人之上"的位置。

放弃既有，却为范蠡缔造自己生命的另一个巅峰，渔业让他跻身富贵之列。然而财富没有让范蠡昏头，他再度感受"抑而损之"的道理。他认为："居家则致千金，居官则至卿相，此布衣之极也。久受尊名，不祥。"一个人做官可以做到宰相，回家靠自己也能赚到大笔财富，范蠡深深觉得自己处于"久受尊名"的巅峰，是个相当不祥的征兆。他便散尽家产，选择到"陶"这个地方重新开始。谦卦之六爻果真都是吉卦，范蠡在生命中的处处"谦退"，让上天特别眷顾他，人称"陶朱公"的他再度致富，且教人致富之道，更不忘帮助别人。而"陶朱公"俨然成了富庶的代名词。

　　协助刘备入关中、打下汉朝天下的张良，也在功业极盛时选择急流勇退。《汉书·张良传》记载："今以三寸舌为帝者师，封万户，位列侯，此布衣之极，于良足矣。愿弃人间事，欲从赤松子游耳。""赤松子"是传说中的仙人，为道教所奉祀。张良也认为自己已到"布衣之极"，不愿意再封侯拜相，宁可放下功名利禄，去学习道家的养身之术。"抑而损之"的张良，为自己挣到"高风亮节"的好名声。

爱民如子，民富国强

名句的诞生

国乱而治¹之者，非案²乱而治之之谓也，去³乱而被⁴之以治。人污而修⁵之者，非案污而修之之谓也，去污而易⁶之以修。故去乱而非治乱也，去污而非修污也。治之为名⁷，犹曰君子为治而不为乱，为修而不为污也。

——《不苟篇》

完全读懂名句

1. 治：治理。

2. 案：根据。

3. 去：去除。

4. 被：施加。

5. 修：修饰。

6. 易：替换

7. 治之为名：治理之所以称为治理。

语译：国家在混乱的情况下，而想加以治理时，并不是根据混乱的情况来加以治理，而是去除混乱的情况后，再加以治理。（如同）人在污秽的状态下，而想加以修饰时，并不是根据污秽的状态来加以修饰，而是除去污秽的状态后，再替换以修饰。所以是去除混乱的情况，而不是治理混乱的情况；是除去污秽的状态，而不是修饰混乱的状态。治理之所以称为治理，就好像说君子为治理而治理，而不是为了混乱而治理；修饰是为修饰而修饰，而不是为污秽而修饰。

君子为治而不为乱，为修而不为污

名句的故事

战国时代,秦昭王为了羞辱齐国,于是派使者送去一只玉制的九连环。九连环上共有九个圆环,环环相扣,而有另一个长而窄的圆环将此九环串在一起。如果想解开其中一环,就势必会影响到其他几个环,所以必须花费许多心神才可能解开它。

君王后将九连环拿给朝中大臣,不过每个人都因害怕失败而不敢尝试。看了齐国大臣的窘态,秦国使者冷笑着说:"听说你们齐国人很聪明,想必难不倒你们吧!"

听了秦国使者的话,君王后取回九连环,放在桌上。接着,突然拿起铁锤朝它砸了下去,那九连环本是玉石所制,所以应声而碎,九个圆环散落一地。齐王说:"请告诉你们的国君,九连环已经解开了。"

南北朝时的高欢是个机智而善于鉴别人才的人。有一天,他召来所有儿子,想试试他们的才智,于是发给他们一团混乱的丝线。为了在父亲面前有所表现,几个儿子都低着头,耐心地整理丝线,只有一个儿子,取出腰间的佩刀,一刀斩开乱丝,并说:"乱者必斩!"他的举动得到高欢的赞赏。这个儿子名叫高洋,后来成了北齐的开国君主。

治理国事时,往往应该像齐王或高洋一样快刀斩乱麻,直接终结混乱,从头加以规划建设。若是一心粉饰太平,只希望掩盖住混乱的事实,那么非但无法治理天下,反而会落到不可收拾的下场,所以荀子说:"君子为治而不为乱,为修而不为污。"

历久弥新说名句

农夫种田时，一定是先除草而后播种，而且除草时，一定是先将田里的杂草全部铲除后，再一起播种，绝不会先除一株草，撒一颗种子，再除一株草，再撒一颗种子。若真有人这么做，那么，大概很少有人会不笑他愚笨的吧？

不过，在现实世界中，却真的有人这么做！

政府的职责，是要针对社会上的弊端，提出改革的办法。不过，有些时候，弊端的改革却是"头痛医头，脚痛医脚"。举例来说，学生书包太重，往往会背到弯腰驼背。对于这个问题，政府提出的办法却是"把书包背到前面"。

小学生书包太重，是学习负担太大的结果。学生、家长乃至于学校，对于教育没有明确的目标可以追寻，所以这也学，那也学，学生的负担又岂能不大？书包又岂能不重？

"把书包背到前面"太过可笑，那么，"改良书包的设计"如何？学习旅行箱的设计，安装拉杆、滑轮等，情况是不是就改善了呢？

"把书包背到前面"和"改良书包的设计"，其实是同一层次的思考方式，只要学习负担的问题不解决，就算书包太重的问题改善了，接着而来的就会是学生的近视问题、快乐问题，再严重些的话，甚至是他们的自杀率提高问题，届时，又该如何解决？

聪明的农夫，考虑的是怎么做才会有最好的收成；理想的政府，也该用同样的角度去思考问题。所以，解决书包过重的最佳办法，应该是定下明确的教学目标，以期教材的内容多寡，能够限制在理想的范围之内。政府的着眼点应该是"怎样建立良好的学习质量",而不是等问题发生时才设法解决。至于只针对表面现象的"锯箭式"[1]解决办法,就更等而下之了。

---

[1] 有个被箭射中的人,到外科医生处寻求协助。医生拿了把锯子,将露在外面的箭尾锯掉,并说:"里面的箭头,是内科的事。"后人称这类只针对外表现象的解决办法为"锯箭式"。

名句的诞生

故相形不如论心，论心不如择术。形不胜心，心不胜术。术正而心顺之，则形相虽恶而心术善，无害为君子也；形相虽善而心术恶，无害为小人也。

——《非相篇》

完全读懂名句

语译：观察人的相貌不如考察他的思想，考察他的思想不如鉴别他立身处世的方法。相貌不如思想重要，思想不如立身处世方法重要。立身处世方法正确而思想又顺应了它，那么形体相貌即使丑陋而思想和立身处世方法是好的，不会妨碍他成为君子；形体相貌即使好看而思想与立身处世方法丑恶，不能掩盖他成为小人。

名句的故事

本句名言出《非相篇》。何谓"非相"？用白话文说就是不要以貌取人。荀子举例，周朝时以仁义治国的徐偃王，眼睛只能看到自己的额头；百世之师孔子长的像一种叫作"蝼蛄"的蟹；制礼作乐的周公的身形就像是枯树干一般。这些流芳百世的仁君、圣人，长相可说是其貌不扬，但是有些暴君则不然。据说，夏桀、商纣的高大英俊，在天下间可是数一数二的相貌堂堂，但是他们的下场却是身败名裂、国破家亡，而且被天下人视为大逆不道，可说是遗臭万年。

一个人在世上的价值并不是他的外表所造成，他的思想观念，乃至于他的行为，才是真正的要素。荀子以孙叔敖、叶公为例。

小时候看见两头蛇的孙叔敖，不但没有因为看到两头蛇而早死，长大后却成为楚国的良相。荀子形容孙叔敖是个粗鄙之人，秃头、左腿长，"轩较之下"。所谓的"轩"是古代车前的直木，"较"是古代车前的横木。荀子形容孙叔敖只有"轩较之下"，可见孙叔敖应该是个矮小之人，但是他却在楚留下治国有方的佳话，被历史评定为善良守法的官吏。

我们对另一个楚国军事家叶公的印象，最深刻的当是"叶公好龙"这件事情，而荀子却给我们全新的印象。荀子形容叶公长的"微小短瘠，行若将不胜其衣"，即身形矮小且瘦弱，走路好像带不动他的衣服。然而叶公却轻而易举地平定白公胜的叛乱，稳定楚国的政治局势，为自己留下仁义的美名。

历久弥新说名句

其实大圣人孔子看人也有出错的时候。

孔子曾说："以貌取人，失之子羽。"用外表容貌来作为评断一个人的标准，就会看错像子羽这样的人才。《史记》记载，子羽名叫澹台灭明，比孔子小三十九岁，但其"状貌甚恶"，长得并不是很讨人喜欢，他想要留在孔子身边侍奉孔子，孔子却认为他"材薄",即资质浅薄。子羽回去后致力修身,处世光明正大、不投机取巧,如果不是为了公事,绝不会去见贵族大夫。子羽前往长江游历时,跟随他的学生竟然有三百人之多,应对进退都相当得体,声名远播。孔子听说后,便知自己当年看走眼了。

容貌端正不如心思端正,心思端正更要行为端正,所谓"相由心生",容貌只是外在的一部分,心术端正会让一个人散发出的外在气质,更加让他人愿意主动来亲近。

贤能不待次而举，罢不能不待须而废

名句的诞生

请问为政？曰："贤能不待次[1]而举，罢[2]不能不待须[3]而废，元恶[4]不待教而诛，中庸民[5]不待政而化。"

——《王制篇》

完全读懂名句

1. 次：升官的位次等第。

2. 罢：无能的人。

3. 须：或作"顷"，片刻、短暂的时间。

4. 元恶：罪魁祸首。

5. 中庸民：指一般的老百姓。

语译：请问执政的道理是什么？荀子答说："贤能的人不必等待官职的位次来调升晋级，无能的人连短时间都不必等待就可废掉，大恶的人不必等待教化就可诛杀，平常的人不必等待施政就可教化。"

名句的故事

传统官僚体制的基本做事原则是按年资、照辈分。不管这个人多无能，只要不犯错、不出乱子，时间到了，位子总是会轮到他的。不过荀子不以为然，他说："贤能不待次而举，罢不能不待须而废。"

北宋的宰相寇准也和荀子一样，用人的时候，不喜欢按照年资、辈分，只会看他的学识、能力。对于这点，有许多人心中感到不服气："那个位子明明就已经轮到我了，为什么是他？""那个人年资比我浅，辈分比我小，为什么他的位子会在我之上？"

类似的不满言论在官员中私下流传着，畏于寇准的权势，他们不敢当面指责他，于是派了个办事的小官，带着记载官吏年资深浅的例簿，作为官吏晋升的依据。对于这样一本例簿，寇准连看也不看，他说："宰相的职责就是要进用贤能的人，黜退无能的人。例簿里所记载的，只有死板的年资深浅而已，若是升官一定按照例簿，要我这个宰相做什么？那些办事的小官吏就可以胜任了。"

执政不比等公交车。等公交车时要排队，是为了怕秩序混乱。执政时若是也要排队，而让那些年资高的无能之人占据高位，那么天下的混乱，不知要比上公交车时的争先恐后还严重多少倍。所以说，圣明的执政者在举用贤才时，不须按班论辈，而罢黜庸才时，也不用顾忌到他的年资深浅，一切以能力为升官贬官的标准就是了。

历久弥新说名句

"贤能不待次而举，罢不能不待须而废"，这样的话是说给一般的执政者听的，至于那些恣意妄为的昏君暗主，只要一件事称了他的心，就算对方原是低贱的家奴，也会马上把他送上高位；只要一句话不顺他的心，就算对方是贤能的重臣，也会立刻把他打入地狱。"待次而举""待须而废"，这原是体制内的东西，对那样的统治者而言，根本就不会在意。

北宋的高俅，就因为会踢球，和宋徽宗兴趣相合，便能担任太尉一职，掌握天下兵权。清朝的和珅，不过就是做事说话能顺乾隆皇帝的心，也能权倾一时，成为古往今来第一大贪官。这些人虽非"贤能"，却是"不待次而举"的。至于才气洋溢的苏东坡、能征善战的岳武穆，前者积极针砭国事，后者力图恢复中原，他们的被贬、被杀，也都是"不待须"的。

不过"贤能不待次而举，罢不能不待须而废"还是合乎道理的，高俅、和珅被举用，苏东坡、岳武穆被废黜，关键不在"次"或"须"之间，而在于"无能"被"举"，"贤能"被"废"。

中人以上的君主，不敢任性妄为，一切循着体制去做，虽知某人贤能，但碍于他的资历尚浅，所以不敢大胆起用。便是起用，也挡不住群臣的抗议与毁谤，如汉代的贾谊就是一个明显的例子。汉文帝时期的贾谊有才有能，可惜太年轻，招来一干老臣的反对，以致被贬为梁怀王太傅，因抑郁而英年早逝。汉文帝不能不算明主，贾谊不能不算贤才，再加上君臣相得，不过就是未能"不待次而举"，终于留下遗憾。贤才难得，当周公王遇见姜太公，刘备三顾诸葛亮时，他们又岂会在意姜太公、诸葛亮两人的年资与辈分呢？

名句的诞生

足国之道，节用裕[1]民，而善臧[2]其余。节用以礼，裕民以政。彼裕民故多余。裕民则民富，民富则田肥以易[3]，田肥以易则出实[4]百倍。上以法取焉，而下以礼节用之，余若丘山，不时焚烧，无所臧之。夫君子奚患[5]乎无余！

——《富国篇》

完全读懂名句

1. 裕：动词，使……富裕。

2. 臧：音"cáng"，同"藏"，收藏。

3. 易："治"的意思，指耕治得很好。

4. 出实：指田地的收成。

5. 患：担忧。

语译：使国家富足的方法，在于节省用度和丰裕人民，并妥善地收藏有余的资产。节省用度要依靠礼制，丰裕人民要仰赖政策。能富裕人民，所以资产有余。丰裕人民则人民富足，人民富足则田地肥沃而耕治得很好，田地肥沃而耕治良好则所得的收成便能增加百倍。在上位的人能根据法制取用资产，在下位的人能依照礼节消费财富，那么多余的资产就会多到像小山一样，甚至不时要加以焚烧，因为多到无处可以收藏。这样在位者又怎么会担心资产没有多余呢？

足国之道，节用裕民，而善臧其余

名句的故事

孔子曾经说过，治国执政有三大重点："足食，足兵，民信之矣。"除去心理层面的"民信之矣"不论，则经济议题"足食"的重要性，是高于国防议题"足兵"之上的。在经济议题上，荀子提出了"节用"和"裕民"两大方向。

先秦诸子中，墨子也讲节用，但和荀子不同。荀子的节用是依礼制而行，墨子则是为了节用，舍弃礼制而谈"非乐""薄葬"。

前人不忍见亲友暴尸荒野，于是有了葬礼。往圣前贤视身份地位不同及亲疏程度有异，制定了不同的葬礼，以使生者的心意及花费能得到平衡，这是葬礼存在的意义。而墨子纯就实用角度，主张一律实行"薄葬"。人不可能永远工作，所以需要音乐来调剂，但墨子认为演奏音乐须花费时间精神，制作乐器须耗费金钱力气，所以提倡"非乐"。

墨子的学说把人变成了纯粹的生产工具，这正是儒家学派所不乐见的，所以荀子主张节用必须依循礼制。

想要国家富强，单靠"节用"是不足的，还须"裕民"。统治者不但要指出开发资源、增加生产的方向，并推动分工合作、沟通有无，这样，土地、资源及人力，才能得到充分的利用，这才是政府存在的真正目的。

能做到"节用"和"裕民"，国家的整体资产便能迅速累积。妥善收藏累积的资产，以备不时之需，这是使国家富强的方法。

历久弥新说名句

国家的用度要依照法制，这句话看来简单，但是很多统治者就是做不到。因为法制的建立，就是要防弊除害，所以会有层层的把关机制。换言之，国家的钱，不是统治者想花就能花的。宋太祖就曾抱怨过，他在当皇帝之前，只要有钱，想买什么就买什么，可是在他当了皇帝以后，就连买张椅子，都要经过宰相的同意。

钱不能想花就花，于是统治者会想尽办法跳过监督的机构，把钱放到一个别人管不着的地方，例如，把国家的钱放到亲信的口袋里。乾隆就是这么做。

乾隆最宠幸的大臣是和珅。和珅是个弄钱的好手，他创立了议罪银制度，让有过失的官员缴交罚款以代替处分。这些议罪银不用上缴国库，而是纳入了内务府，也就是皇帝的私人口袋。

乾隆皇帝最大的私人口袋其实不是内务府，而是和珅的私人财库。靠着和珅多方搜刮来的金钱，乾隆皇帝过着奢华的生活。他六次南巡，建造了三十个行宫，他在圆明园仿建江南风景，八十岁时更花了大钱举行万寿大典。

当然，和珅也趁机为自己弄了不少钱。这些钱来自官员，而官员的钱则来自百姓。百姓被榨干了，国力也被掏空了。所以乾隆皇帝成为清朝国势由盛转衰的关键。

历史的错误不断重复着，节用裕民其实不难，偌大的国家绝对有着足够的人才。不过，只要统治者有着把钱"藏"到自己口袋的想法，那么，不管他们嘴巴上喊了多少次拼经济，国家的经济是怎么样也不可能拼起来的。

下贫则上贫，下富则上富

名句的诞生

上好功[1]则国贫，上好利则国贫，士大夫众则国贫，工商众则国贫，无制数度量[2]则国贫。下贫则上贫，下富则上富。

——《富国篇》

完全读懂名句

1. 好功：好大喜功，多指作风浮夸、不踏实的功业。
2. 制数度量：限制用度。

语译：国君好大喜功则国家贫穷，国君喜欢财货则国家贫穷，官员太多则国家贫穷，工人商人众多则国家贫穷，用度没有限制则国家贫穷。百姓贫穷则国君贫穷，百姓富裕则国君富裕。

名句的故事

有一回，鲁哀公问孔子的弟子有若说："最近收成不好，不足以支付国家的用度，该怎么办？"有若回答说："为什么不改收十分之一的田租呢？"鲁哀公很惊讶地说："我现在收的是十分之二的田租，这样还不够用，你为什么还说要改收十分之一的田租呢？"有若说："百姓富足了，国君怎么会贫困？百姓贫困，国君又怎么会富足呢？"

《论语》中的原文是："百姓足，君孰与不足？百姓不足，君孰与足？"这其实就等于荀子所说的："下贫则上贫，下富则上富。"

春秋时的邹穆公曾下过一道命令："只能用米糠来喂食苑囿里的野雁。"不过官仓里米糠存量不多，以致后来必须用粟米来跟民间换米糠，由于需求量高，所以要两石粟米才能换一石次等米。

管事的官吏向邹穆公建议："如果用官仓里的粟米来喂野雁，不但可以省下一半的钱，更可以省去换粮的麻烦。"

邹穆公拒绝了这个建议，他说："粟米是给人吃的粮食，不能吃的米糠才是拿来喂野雁用的。更何况换米的话，只不过是把粮食从官仓移到民间。存在官仓是我国的粮食，存在民间也是我国的粮食，我又为什么一定要把粟米存在官仓里呢？"

邹国的百姓听到这件事，都认同邹穆公的想法，也都认为自己的粮食不妨捐献给国家，因为公家的粮食和私人的粮食是一体的。

像邹穆公这种人，应该就是很懂得"下贫则上贫，下富则上富"道理的国君吧！

历久弥新说名句

历史上的统治者一向把天下看作自己的私产，例如汉高祖在得到天下时，就得意地对他的父亲说："你看我现在的财产，和二哥比起来，是谁比较多？"不过，还是有统治者不满足，非要把钱放在私人的口袋才甘心。明神宗朱翊钧就是一个这样的例子。

明神宗在位初期，任用张居正为相，从事改革。那时，国家经济发展得不错，社会民生也还算安定。万历十年，张居正病逝，明神宗开始荒废朝政，不但三十年不上朝，还以勘矿、开矿为名，拼命地搜刮民脂民膏。万历二十七年，他在五天之内就收了二百万两的矿税商税，足足是万历初期全年总税收的一半。他把收来的钱全都放到自己的私人金库，称为"内库"。这些钱，明神宗除了用来兴建豪华的地下陵寝以外，一点都舍不得动用。就连外族入侵，大臣请他拨款以增强国防，他都不愿意。后来勉强答应拿一些钱出来，打开仓库时，竟发现有很多钱已经锈烂不堪使用了。

明神宗的倒行逆施，激起了民怨。部分百姓被逼上梁山，成了流寇。流寇四起，不但使朝廷穷于应付，也使百姓的生活更加艰困，进而加入流寇的行列。恶性循环的结果，明朝国势彻底崩溃。继位的明思宗崇祯皇帝，虽然日夜操劳，节俭自律，但已无法挽回颓势，而明朝就在崇祯皇帝上吊自杀时灭亡。后代学者在史书上记载："明之亡，亡于神宗。"就是把亡国的罪名，安在明神宗的头上。

明神宗的"内库"里，装了满满的金银珠宝，像这样的君主，可以算是富有的了。不过，国家没钱供应军队，没钱照顾百姓，像这样的国家，又怎么不能算是贫穷呢？所以说："下贫则上贫，下富则上富。"在百姓高喊着"活不下去"的时刻，就是统治者"混不下去"的时候到了。

名句的诞生

人皆乱，我独治；人皆危，我独安；人皆失丧之，我按起而治之。故仁人之用国，非特将持其有而已也，又将兼人。《诗》曰："淑人君子，其仪不忒[1]。其仪不忒，正是四国。"此之谓也。

——《富国篇》

完全读懂名句

1. 忒：差错。

语译：别的国家都很混乱，唯有我的国家治理得很好；别的国家都很危险，唯有我的国家很安定；别的国家都衰败了，我的国家就兴起去治理他们。所以有仁德的人治理国家，不只是维持自己的国家而已，还能兼治其他国家。《诗经》说："善良的君子，威仪没有差错；威仪没有差错，可以端正四方的国家。"说的就是这个意思。

名句的故事

周朝时，有一个小国的国君徐偃王，因为施行仁义而得到百姓的爱戴，没过多久，就使得三十六个国家自愿臣服于他的统治之下。楚文王听到这件事，害怕徐偃王的势力扩张得太快，会对自己的国家造成威胁，于是起兵

仁人之用国，非特将持其有而已也，又将兼人

攻打徐国，消灭了它。韩非子在评论这件事时，以为仁义之道不合于时代潮流，这是徐国灭亡的主因。

仁义之道真的不合时代潮流吗？在儒家的观念中，仁义之道是恒常不变的真理，足以超越时间与空间的限制。像周文王，发迹于丰、镐之间，因为施行仁义，使得万民归心，三分天下有其二。到了周武王时，终于灭掉商朝，建立了周朝，靠的就是仁义的力量。

周文王因为心怀仁义，哀怜百姓受到纣王的欺凌，这才兴兵对抗商朝。战争时，难免有人会牺牲，但是可以拯救更多的人，这是周文王的大仁大义。宋襄公和楚国打仗时，大讲仁义，非要等到楚兵渡河列阵才加以攻击，又下令不能杀害敌军中年纪太大或太小的士兵，终而招致大败，这是宋襄公的小仁小义。徐偃王施行于国中的，应该只是小仁小义吧！否则他的军民怎么可能不会尽全力对抗楚王？楚王的军队又怎么可能不愿意归附徐偃王？徐国又怎么可能会被消灭呢？

所以，徐偃王之所以会失败，并不是因为施行了仁义，反倒是仁义施行得不够，才避不了亡国之祸。荀子说："仁人之用国，非特将持其有而已也，又将兼人。"从这段话中可以领悟到，能够将仁义推行于天下的，才是真正的仁者。

历久弥新说名句

《幽梦影》说："有力量济人，谓之福。"意思是说，有力量帮助别人，这是所谓的"福"。其实有力量济人，不只是"福"，更是"富"。

有一个人穿着一身破烂的衣服去拜访朋友。他的朋友看到他如此落魄，就不大愿意理睬他，也不愿意请他吃饭。他只好悻悻地离开了。

第二天，他换了一件华丽的衣服再去拜访同一个朋友。他的朋友连忙热心地招待他，还准备了大鱼大肉请他吃。

这个人二话不说，挟了菜就往衣服里送。朋友惊讶地问他为什么这么做，他说："我昨天穿得很破烂，你不请我吃饭；今天穿得很华丽，你才请我吃饭。由此可见，你并不是请我吃饭，而是请我的衣服吃饭。"

故事里说到，这个人的朋友因此感到很惭愧。其实，他何必羞愧呢？这个人虽然有钱，但是平时不照顾朋友，所以朋友不知道他有钱。拜访朋友时，故意穿得很破烂，来测试朋友。后来又故意换回华丽的衣服，来羞辱朋友。像这样的人，比起他朋友的势利眼，更加没有道德可言，他的朋友又何必惭愧呢？

势利眼并没有错，但是应该认清什么是富，什么是贫。一个只顾自己的人，即使存款数字再多，也只不过能帮助自己一个人，这不是富而是贫。至于那些家里没有多少积蓄，却肯付出爱心来关怀弱势族群的人，他们才是真正值得尊敬的富人。

主道治近不治远，治明不治幽，治一不治二

名句的诞生

主道治近不治远，治明[1]不治幽[2]，治一不治二。主能治近则远者理，主能治明则幽者化，主能当一则百事正。夫兼听天下，日有余而治不足者，如此也，是治之极也。

——《王霸篇》

完全读懂名句

1. 明：明显的事情。

2. 幽：隐微的事情。

语译：为君的道理在于治理切近的，不治理僻远的；治理明显的，不治理隐微的；治理一个最重要的核心，不治理其他的枝节。君主能治理切近的，那么僻远的就会有条理；君主能治理明显的，那么隐微的就会得到教化；君主能掌握事情的核心，那么所有的事情都能端正。普遍听闻天下的事情，时间仍有余裕，事情像是少到不够做，如此，就是治理政事的极致道理。

名句的故事

孔子的学生宓不齐在奉派治理单父县不久，就被繁忙的公事折磨得不成人形。他的同学有若前往拜访他时说："为什么会这样呢？"宓不齐回答："因为我的能力不足，所以我不敢不尽

心尽力去做每件事。"有若说："从前舜在治理天下时，弹弹琴、唱唱歌，天下就治理得很好了。现在单父只是个小地方，竟然把你累成这样，倘若使你治理天下，又会累到什么地步呢？更何况，只要方法正确，就算不花什么力气，也能治理得很好；方法不正确，就算累到不成人形，也没有什么帮助。"听了同学的话，宓不齐改变了做法。平时，他总是一面弹琴，一面分派部下去做事，自己很少出衙门半步，但单父县的百姓却生活得幸福安乐。

继任的巫马期，也是个工作认真的人。总是早出晚归，虽然也把单父县治理得很好，但仍比不上宓不齐，于是跑去请教宓不齐。宓不齐说："善于用人就能轻松做好一切。"

荀子说："主道治近不治远，治明不治幽，治一不治二。"后世的魏徵也劝谏唐太宗："鸣琴垂拱，不言而化。何必劳神苦思，代下司职，役聪明之耳目，亏无为之大道哉？"说的其实是同一个道理，应用在现代社会，就是"分层管理"的统治原则。

历久弥新说名句

郑国大夫子产以贤能闻名于世。有一次，他在路上听见一个妇人为丈夫哭丧。他仔细听了一会儿，就下令捉拿妇人，并加以审问，果然问出她谋杀亲夫的事实。有人问子产为什么会知道这件事。子产说："一般人为亲人哭泣的时候，如果是为了亲人刚开始生病，那么哭声会带有忧虑；如果是为了亲人将要死亡，那么哭声会带有恐惧；如果是为了亲人已经死亡，那么哭声会带有哀伤。现在她的丈夫已经死了，她的哭声却不是哀伤而是恐惧，所以我断定一定另有隐情。"

听了这件事，一般人都称赞子产的智慧，但是荀子的学生韩非却抱持否定的意见。他认为，郑国的犯罪事件，如果都要靠子产个人的观察才能知道的话，那么他一个人的力量又能发现多少犯罪事件呢？他认为："物众而智寡，寡不胜众，智不足以遍知物，故因物以治物。"人民是如此众多，个人的才智却是有限的，若要达到治理众人的最佳效果，最好的方法就是以众人来治理众人。子产无意中发现了犯罪事件，这还是依靠他个人的智慧。若是他能大量任用有智慧的人，并加以适当管理，才是优秀的统治者。

名句的诞生

故有君子，则法虽省[1]，足以遍[2]矣；无君子，则法虽具[3]，失先后之施，不能应事之变，足以乱矣。不知法之义，而正法之数[4]者，虽博，临事必乱。故明主急得其人，而暗主急得其势。

——《君道篇》

完全读懂名句

1. 省：简省。

2. 遍：指周遍万事。

3. 具：详细。

4. 数：指法律的具体条文。

语译：所以有了君子，法度虽然省简，也足以达到周遍万事的效果；没有君子，法度虽然详尽，失去了先后次第的运用，不能应付事情的变动，也足以引起纷乱了。不知道法度的意义，只是修订法律的条文，虽然规定得很广博，碰上事情也会纷乱。所以贤明的君主会急于得到贤人，而昏暗的君主只会急于得到权力。

名句的故事

孔子曾经称赞周公"才之美"，认为他是个才华横溢的人。不过，周公最为后世称道的，不是他丰富的才华，

明主急得其人，而暗主急得其势

315

而是他能够礼贤下士的谦卑态度。他自称："一沐三捉发，一饭三吐哺，起以待士，犹恐失天下之贤人。"他经常连饭也来不及吞下，就急忙把嘴里的东西吐出来；连头发还没洗完，就急忙握着湿漉漉的头发，只为了赶紧接见来访的贤人。即使如此，他仍然害怕不能网罗天下的所有贤人。周公的礼贤下士固然可贵，尤其难得的是，他还是周代礼乐制度的设计者。周公的行为表现出古代社会重人治甚于重法制的传统。

荀子也继承了重人治的传统，所以他会说"明主急得其人"。不过他也点出了人治不能彻底实践的一个根本问题——"暗主急得其势"。

所谓"暗主急得其势"说的是统治者急于掌握权力的心理。有些失败的统治者何尝不知道贤者能够治理好国家，但他们害怕自己的地位会被贤者取代，于是不愿信用他们，反而喜欢任用那些无能的小人。古人说"功高震主"就是这个意思。

在历史上，曹操应该也算是个爱才的人了。曾以周公自比，他在《短歌行》一诗说："周公吐哺，天下归心。"不过，他身边的谋臣如荀彧、许攸等，皆不得善终，又诛杀孔融、杨修等，可以看出他对这些智谋高的能人也都怀有极深的戒心。由此看来，统治者"急得其势"的心理有时很难避免，倒不一定非"暗主"不可。

历久弥新说名句

有人认为，民主社会就是法治的社会，而传统的人治观念已经过时了。这话看似有几分道理，但是所谓的"法"，还是由人订出来的，也还是要由"人"去执行。既然如此，"法"

就不可能完美，就不可能没有漏洞。举例来说，法律如果规定选举时不得用金钱买票，那么就会有人用送礼来代替送钱；如果规定不得送礼，那么就会改成招待旅游。不管法律怎么规定，总会有人试图游走在法律的模糊地带。更不用提那试图游走在法律边缘的，如果是执法者甚至是统治者本身，那就更难避免弊端了。所以，单靠"法治"是不够的，还得靠"人治"才行。

不过，所谓的人治，并不是把希望寄托在那极少数的"救世主"身上。孟子说过一个故事：如果有一个楚国人想要他的儿子学齐国话，虽然找了个齐国人当老师，但是有一群楚国人在旁边吵闹，那么，他的儿子终究还是学不好齐国话。最好的方式是把他的儿子送到齐国的国都，在耳濡目染之下，他的儿子自然能学得又快又好。

统治者的身边如果全是贤人，那么，统治者也无从为恶。这在今日的民主社会尤其如此。统治者如果想要做出违反体制的恶事，做事的人如果有良知的话，自然会行使"抵抗权"，拒绝当那猛虎的"伥鬼"。当然，光靠一两个人，还是无法抵抗统治者庞大的压力。只有靠社会每一分子的努力，才能使"人治"进一步深化为"民治"。要如何努力？就从不向恶势力低头开始吧！每一个人看到不公不义的事时，都能勇于发声，就能用社会的道德力量来弥补法律的不足。

人主不可以独也

名句的诞生

国者，事物之至也如泉原[1]，一物不应，乱之端也。故曰：人主不可以独也。卿相辅佐，人主之基杖[2]也，不可不早具[3]也。故人主必将有卿相辅佐足任者然后可。

——《君道篇》

完全读懂名句

1. 泉原：比喻事物来的时候源源不绝。原：通"源"。

2. 基杖：基石、柱杖。

3. 具：准备、具备。

语译：国家的事情多得像泉水一样，源源不绝而来，一件事没有处理好，就是致乱的根源。所以说：君主不能独力行事而没有旁人来辅佐。卿相的辅佐，是君主的基石、拄杖，不可以不早点准备。所以君主一定要有卿相的辅佐，而且是要能够足堪大任的人才可以。

名句的故事

尧、舜是历史上知名的贤君，在他们的任内，有相当多的人才来协助处理国事，如禹、契、稷、皋陶、夔、垂等人，他们有的善于治水，有的长于耕作，有的掌管司法，有的负责音乐，有的统领工匠，可以说是各有所长。值得注意的是禹这个人，他的专长是治水，至于耕作、司法、音乐、工艺等，应该都不是他的长处。不过舜后来为什么把王位传给了他？难道只会治水，就足以治国了吗？其实不然。治水只是治国的一部分，换言之，禹要治理好国家，还须有其他专长的人来加以协助。不只是禹，就连尧、舜，又哪里是样样皆能呢？他们只是懂得把适当的人才放在适当的位置罢了。

贤君之所以成为贤君，不见得是个人能力有多突出，有时只要用对人，就能成就霸业，例如齐桓公。齐桓公任用管仲，便成为春秋五霸之首，而管仲一死，他竟落到无人收尸的下场。所以荀子说："人主不可以独也。"

商汤有伊尹，周文王有姜太公，这是他们成为贤君的主因。夏桀杀害了关龙逢，商纣杀害了比干，而让自己陷入了朝臣不信服、天下不拥戴的孤立境地，到后来丢掉了王位乃至生命，还背上了暴君的恶名。古人把这类君主称为"独夫"，这"独"字确实下得十分贴切。

历久弥新说名句

人不可能什么都会，但就有些人认为自己什么都比别人行，特别是那些掌握权力的人。从前人说："官大学问大。"若在科举时代，因为官是"考"出来的，所以"官大学问大"这种说法倒也有些道理。然而，不是所有的官都是考出来的，有些是靠背景、送钱。近代实施民主制度后，考出来的官就更少。不过他们也往往认为自己"官大"，所以"学问"就"大"。

"官大学问大"若只一句诳辞，倒也坏不了什么事，坏就坏在，最高统治者若是把"官大学问大"奉为真理，更是会"大权一把抓"，官位只做酬庸之用，而专业人员若是提出谏言，就看作唱衰政策，要不就是政治斗争，就连老百姓的哀号，也当作是对自己权力的挑战。唐昭宗时，尽杀朝廷名士，或投之黄河，并且还说："此辈清流，可投浊流。"不久唐朝就灭亡了，这就是一个血淋淋的教训。

师心自用的独裁君主，到后来往往会落到众叛亲离的下场。明太祖朱元璋废除宰相制度，把权力集中在皇帝一人之手，以致后来的皇帝无卿相辅佐，把国家治理得一团糟。后来崇祯皇帝孤零零地吊死于煤山之上，何尝不是和这件事有所关联？

名句的诞生

从命而利君谓之顺，从命而不利君谓之谄；逆命而利君谓之忠，逆命而不利君谓之篡。

——《臣道篇》

完全读懂名句

语译：听从君王的指示，做对他有利的事情，叫作顺从；听从君王的指示，但做出对他不利的事，叫作谄谀；不顺从君王的命令，但做出对他有利的事，叫作尽忠；不顺从君王的命令，做出对他不利的事，叫作篡夺。

名句的故事

对于"顺""谄""忠""篡"等类的臣属，荀子提出了自己的看法：

有所谓的"态臣"，就是喜欢装模作样的臣属，这种人对外无法为国家挡灾，对内老百姓也不愿亲近他，其他大臣也都不相信他，但这种人却会花言巧语，取得君王宠爱。

有所谓的"篡臣"，就是会危害君王权势的臣属。这种臣属不会忠于君王，却懂得结交朋党，为图谋私利、篡夺王位做准备。

有所谓的"功臣"，就是会建功立

从命而利君谓之顺，从命而不利君谓之谄

业的臣属。这种臣属对内会协助君王团结百姓，对外会抵抗外侮、保卫国家；百姓喜欢与他来往，读书人信任他，对君王忠实，对百姓有爱心。

有所谓的"圣臣"，就是具备智慧的臣属。这种臣属尊重君王、爱护人民；对国家的政令教化，更是身体力行；对国家的突发事故，都能适当响应；这种臣属会以身作则、让其他人可以效法。

荀子再举实例，齐国的苏秦、秦国的张仪，可以归类为"态臣"；齐国的孟尝君就算是"篡臣"；齐国的管仲、楚国的孙叔敖，就可以称为"功臣"；殷商朝的伊尹、周朝的姜太公，就可以归类为"圣臣"。荀子认为这就是君王选用臣属的标准。

历久弥新说名句

西汉刘向著有《说苑》一书，其中的《臣术》讲的就是"为官之道"。当中有一段关于君臣之间的"常道"的对话。这两个对话人一是陈成子，即春秋时代齐国的大臣，后来杀了齐简公、篡夺了齐国；另一人则是鸱夷子皮，他其实是帮助勾践复国的范蠡，后来从齐国出海、从事渔业，改名叫作鸱夷子皮。陈成子向鸱夷子皮请教，何谓君臣间的常道？鸱夷子皮回答说："君王死了，我却不死；君王逃亡，我则不逃亡。"

陈成子又问要如何做到，鸱夷子皮说："没到死的时候，先排除死亡的危险；没到逃亡的时候，先排除逃亡的危险，君王哪有濒临死亡和逃亡的危机呢？"

接着鸱夷子皮便引用了与荀子同样的见解："从命利君谓之顺，从命病君谓之谀，逆命利君谓之忠，逆命病君谓之乱。"

知道君王有错而不愿劝诫，国家则会面临覆亡的危机；对君王进忠言，君王如果采用就留下，不采用就离开，叫作"谏"；能够对君主进忠言，被采用就可以活下去，不被采用就要牺牲，叫作"诤"。所以鸱夷子皮强调，能够联合大家的力量，共同更正君王的过错，君王即使不情愿也不能不听，这便可以解除国家的祸患、完成对国家的效忠，这可称之为"辅"；如果违抗君王的命令、反对君王的政策，却窃取君王的权力、消除国家危亡的隐忧、扫除君王的耻辱，保有国家的利益，就可称为"弼"（辅佐）。

所以，谏、诤、辅、弼的人，就是国家所需的人才。西汉刘向想要阐述的君臣之间的常道，和荀子的主张确实有相互辉映之处。

川渊深而鱼鳖归之，山林茂而禽兽归之

名句的诞生

川渊深而鱼鳖归之，山林茂而禽兽归之，刑政平而百姓归之，礼义备而君子归之。故礼及身而行修，义及国而政明，能以礼挟[1]而贵名白，天下愿，令行禁止，王者之事毕矣。《诗》[2]曰："惠[3]此中国，以绥[4]四方。"此之谓也。川渊者，龙鱼之居也；山林者，鸟兽之居也；国家者，士民之居也。川渊枯则龙鱼去之，山林险则鸟兽去之，国家失政则士民[5]去之。

——《致士篇》

完全读懂名句

1. 挟：音"jiá"，通"浃"。周遍、通达。

2. 诗：系指《诗经·大雅·民劳》。

3. 惠：爱。

4. 绥：音"suí"，安抚。

5. 士民：人民。

语译：川渊水深而鱼鳖归藏，山林茂密而禽兽归藏，刑罚政治清明而百姓归服，礼义完善而君子归向。所以人若守礼就能够修养言行，国家如果讲义就能够政治清明，能够礼义通达就可以显扬美好的名声，得到天下人思慕，号令出一定执行，而禁令出必然停止，那么国君的任务也就完了。《诗经》云："爱护中国，安抚四方。"说的就是这个道理。川渊，是龙鱼居住的地方；山林是鸟兽居住的地方；国家，是人民居住的地方。川渊如果枯涸，龙鱼一定离去；山林如果危险，鸟兽一定离去；国家如果政治不清明，人民一定离去。

名句的故事

孟子曰："其身正，而天下归之。"一个人只要身心端正，天下人自然都会归顺钦服。他认为夏桀和商纣会失去天下，是因为失去人民对他们的信心，因此，只要能够得到天下人民的信心，就可以得到天下了；要如何得到人民的信心呢？只要充分满足人民的需求，不去做人民所讨厌的事就可以了。(《孟子·离娄上》)

周成王年幼，周公摄政时，广施恩泽，特别派遣官员到四方巡视，每方各三人，共十二人，让他们举报各方人民的事情。如果百姓中有挨饿受冻而得不到衣食的、有诉讼案件而地方官员未能查处的、有能人贤士而未被举荐的，这十二位出巡的官员就要回报天子。天子知道后，在各国诸侯朝觐时，就礼貌地问道："我想应该是我的行政施教有不妥之处吧？不然，为什么我们的百姓有的挨饿受冻而得不到衣食？有的有冤情而无人为他们昭雪？有的有才干而不被举荐呢？"当百姓知道后，都很高兴地说："这真是圣明的天子啊！为什么深居遥远的宫室，却对我们了如指掌？"所以，那些派出的官员作用十分重大，他们使天子大开四方纳贤之门，广见广闻四方百姓之事，有了他们，近处的百姓更加亲近天子，远处的百姓则能过安定的生活，故《诗经·大雅·民劳》上云："柔远能迩，以定我王。"(《说苑·君道》)因此，治理国家，只要肯处处为百姓着想，那么不管远近的人民都乐意顺服。所以弦章曾经对齐景公说："水

广则鱼大，君明则臣忠。"(《说苑·尊贤》)

历久弥新说名句

元末，群雄竞起，朱元璋因礼贤下士，得到谋臣刘伯温的相助，而在军事战争中无往不利。元惠宗至正十六年（公元一三五六年），朱元璋攻占应天府，整天忙于军事，对于政情民事无暇顾及，许多狱案无人查办审理，堆积如山，又遇上天旱，连月无雨，禾苗干枯，老百姓的生活更加艰难困苦。于是刘伯温向朱元璋建议宜先决断狱案，以应天命，他说："您与陈友谅多次交战，终获大胜，此乃天之所助也。如今天旱无雨，想必是因人间有事，故上天有所不平所致。臣外观天象，常有阴气郁结；内察府中政事，多有积案未了，因此，虽有龙而不行云，虽有云而不落雨。望您决断滞案，以顺天意，那么旱象必可解除。"朱元璋于是命令刘伯温迅速审理积案，积案刚刚了结，果然就下了倾盆大雨。

为了安定民心，刘伯温曾上奏立法订定制度，以防止滥杀，不料，朱元璋却突然下令："凡狱中的福建、海宁罪犯，以及两地在应天府的商人、旅客，一律格杀勿论。"刘伯温听了大惊，连忙请问缘由，朱元璋说："昨夜梦见许多自称是福建、海宁的人，头上鲜血淋漓，手拿土块，向我扑来。我想福建、海宁一带，迟迟未能平定，也许他们会派人前来行刺，因此，还是先下手为强，格杀勿论。"刘伯温怕大开杀戒后，反而不利安定民心，于是劝道："臣以为这梦是个好兆头。人多即是'众'，'众'字头上不是有'血'吗？而众人拿土块向您扑来，可见暗示着您将得'众'得'土'的意思呀！而他们自称是福建、海宁的人，可见是这两地的百姓有心归附您，所以您不妨大赦狱中的福建、海宁罪犯，并以礼接待这两地在应天府的商人、旅客。等这些人回乡后，一定会称赞您的仁德。相信过不了多久，这两地的百姓自然就会归附您了。"朱元璋听了很高兴，于是接受刘伯温的建议，不久，福建、海宁一带便投降了。（《明史·列传第十六》）由于刘伯温的辅佐，让朱元璋得到了民心，后来成为明太祖，并为明朝的统治奠定了良好基础。

人主之患，不在乎不言用贤，而在乎不诚用贤

名句的诞生

人主之患，不在乎不言用贤，而在不诚[1]必用贤。夫言用贤者，口也；却贤者，行也；口行相反，而欲贤者之至，不肖者之退也，不亦难乎！夫耀[2]蝉者务在明其火、振其树而已，火不明，虽振其树，无益也。今人主有能明其德，则天下归之，若蝉之归明火也。

——《致士篇》

完全读懂名句

1. 诚：真实、真诚。

2. 耀：照。

语译：人主的忧患，不在于不说任用贤能的人，而在于不是真诚地任用贤能的人。说用贤，是嘴巴；拒绝贤才，则是实际行动；如此言行不一致，却想要让贤能的人来，而不贤的人退去，这不是太难了吗？照蝉的人，一定要点燃火光，然后再摇动树枝，如果不点燃火光，就算拼命摇动树枝，也是没有用的。现在的国君若能彰显德行，那么天下人都会归服，就像蝉归向火光一样。

名句的故事

有一次，周武王问姜太公："举用贤人却反而招致国家危亡，这是什么

缘故呢？"姜太公回答："虽然选拔了贤人却没有真正任用他，这是只有举用贤人的美名，而没有举用贤人的真实意义啊！"周武王不解地又问："问题出在哪里呢？"姜太公进一步说明："问题出在君王只想满足好施小惠的心态而已，所以得不到真正的贤才。"周武王又问："好施小惠的君王如何呢？"姜太公回答："这种君王喜欢别人赞美而不讨厌别人的刻意奉承，把不贤的人误认为是贤人、把不好的误认为是好的、把不忠的误认为是忠诚的、把不诚信的误认为是诚信。因此，这样的君王会认为赞美自己的人是有功的，批评自己的人是有罪的；对真正有功的人不行赏，对真正有罪的人不处罚；营党结派的人被录用，孤身自爱的人被斥。于是，所有的臣子就会相互勾结而压制贤人，所有的官吏也会结党营私而多做坏事；忠臣因为敢于直言而无罪被杀，奸臣因为善于奉承而有罪受赏，那么国家就难免会陷于危亡的处境了。"周武王听了，赞叹地说："说得真好。"（《说苑·君道》）

君王任用贤人却反而招致国家的危亡，这是因为君王并不是真的喜欢贤人的缘故。君王喜欢听奉承、赞美自己的话，对于贤人总是为了有利于国家社稷的事而不惜抗颜直谏的态度深感不满，因而蒙蔽了对贤人的信赖及任用的程度，因此，虽然君王网罗贤人、任用贤人，但却不予真正的信任，又哪里能够重用贤人呢？譬如有一次齐景公外出打猎，上山看见老虎、来到水泽则遇到蛇，回去后便问晏子说："今天我外出打猎，上山便看见老虎，走到水泽又遇到蛇，这大概就是人们常说的不吉利吧？"晏子回答说："国家有三种情况是不吉利的，但您所说的事情并不是其中之一。国家有贤人却不知道，一不吉利；知道了贤人却不任用，二不吉利；任用贤人却不能信任，三不吉利。至于老虎住在深山里，所以上山看见老虎；而水泽旁是蛇的洞穴，所以到水泽遇见蛇，这又有什么不吉利的呢？"（《说苑·君道》）晏子的这番话说得实在是太正确了，与其迷信大自然的警讯，还不如正视自己的处世态度，所谓吉凶祸福，其实往往是人的行为而产生的，与到山里看见老虎，或在泽畔遇到蛇又有什么关系呢？

历久弥新说名句

宗卫曾任齐国宰相，后来被驱逐，免职回到家中，便召集门下食客田饶等人问道："你们之中有谁能与我一起投奔别国？"田饶等人都伏地不回答。宗卫愤恨地说："为什么你们这些士人容易得到却难以任用呢？"田饶回答："并不是士人难以任用，而是您不会任用。"宗卫疑惑地问："为什么说我不会任用士人？"田饶回答："因为您的士人连赖以活口的三斗粮食也得不到，可是您所喂养的家禽却是谷米多到吃不完；您用绫罗绸缎来装饰华丽的住处，任它随时可能被风吹而撕破，可是士人却得不到一件稍有边饰的衣服；您的果园里的梨、栗，多到被内院里的妇人摘来扔着玩，而士人却不能品尝一口。您不能对士人施舍您的财富，却要士人为您牺牲性命，这不是很困难吗？"宗卫听了，露出惭愧的脸色，向士人道歉："这是我的过错。"（《说苑·尊贤》）虽然宗卫广纳贤士，可是却不礼遇也不任用，直到生死存亡之际，才想要贤士为他效命，又怎么可能呢？像宗卫这样的人，哪里懂得任用贤士，不过徒有虚名罢了。

有一次齐宣王问淳于髡说："你知道我喜欢什么吗？"淳

于髡回答说："古人喜欢的事物有四种，而您则喜欢其中的三种。"齐宣王觉得诧异地问："古人喜欢的和我所喜欢的有什么差别呢？"淳于髡回答说："古人喜欢骏马，您也喜欢骏马；古人喜欢美味，您也喜欢美味；古人喜欢女色，您也喜欢女色；古人喜欢贤士，而您唯独不喜欢贤士。"齐宣王却说："这也是没办法的事呀！谁叫国内没有贤士呢？如果有的话，我也会喜欢的。"淳于髡于是进一步说明："古代的骅骝、骐骥之类的骏马，国内也没有，但您从众马中挑选，这是因为您喜欢骏马；古代的豹胎和象胎之类的美味，国内也没有，但您从许多佳肴中挑选，这是因为您喜欢美味；古代有毛嫱、西施之类的女色，国内也没有，但您从众美女中挑选，这是因为您喜欢女色。但您一定要等有了尧、舜、禹、汤那样的贤人才去喜欢，那恐怕禹、汤之类的贤人也不会喜欢您的呀！"齐宣王听了，则无言以对。（《说苑·尊贤》）齐宣王虽然说自己喜欢贤人，但却一点诚意也没有，比起他搜罗骏马、美味、女色的用心，实在相差很远。

　　但晋国的贵族赵简子却不同，他的门下食客有好几千人，但他还感叹地说："要如何才能得到贤士来共事呢？"他的船夫古乘却对他说："宝珠、美玉没有脚，而您却能拥有它们，这是因为您喜欢的缘故；而贤士有脚却不到您身边来，这是因为您不喜欢他们的缘故吧！"赵简子觉得讶异而不能理解，于是古乘又说："大雁飞得高远，是因为有六翮（hé，健羽）的关系，它背上的羽毛及腹下的绒毛虽然多得数不清，不过就算拔去一大把，也不会妨碍它的飞翔。不知道您府上的食客是属于有用的六翮？还是其他无用的羽毛及绒毛呢？"（《说苑·尊贤》）

赵简子拼命地网罗人才，门下食客已经好几千人，却仍感慨希望得到贤士，难道真的是因为他爱才若渴、惜才如金吗？还是只是爱搜集而已？船夫古乘的一席话，一语道破赵简子的盲点，既然赵简子不懂辨别人才的贤与不贤，那么又哪里称得上是喜欢贤士呢？

名句的诞生

凡用兵攻战之本，在乎壹民[1]。弓矢不调，则
羿不能以中微；六马不和，则造父[2]不能以致
远；士民不亲附，则汤武不能以必胜也。故善
附民者，是乃善用兵者也。

——《议兵篇》

完全读懂名句

1. 壹民：齐一人民的心志。

2. 造父：人名。古之善驾车者。

语译：凡是用兵攻战的根本，在于齐一人民
的心志。弓箭不锐利，就算是最会射箭的后羿，
也射不中细微的目标；拉车的六匹马彼此不
和，就算是最会驾车的造父，也到不了很远的
地方；官吏人民不肯亲附，那么就算是商汤
或周武王，也不一定能够打胜仗。所以善于亲
附人民的人，就是善于用兵的人。

名句的故事

孙武是历史上最伟大的军事家之
一。他曾经亲自训练一百八十名宫女，
借着"三令五申"的严格命令，让她
们成为一支强劲的队伍。后来，吴王
夫差北上称霸，在黄池大会诸侯，世
人都认为是孙武号令严明，懂得训练

善附民者，是乃善用兵者也

士兵，才能帮助吴国成为霸主。在他担任吴国军事统帅的期间，提出"疲楚误楚"的计策，连续骚扰楚国，时间长达六年，使得楚国军队认为吴国只敢骚扰，不敢进攻，放松了警惕。后来一举进攻，几乎灭掉楚国。幸亏申包胥向秦国讨求救兵，才免除了楚国的亡国危机。有人认为孙武的奇计是他成功的主因。

在孙武率兵进攻楚国之际。吴王夫差本来打算倾全国之力，率领三万军队，奇袭楚国，但孙武认为兵贵神速，只带了三千五百精兵，迅速夺下了楚国北部三个险隘，进抵汉水东岸。所以有人认为孙武和横扫欧洲的拿破仑一样，都是闪电战的能手，这是他们战无不克的秘诀。

虽然每个解读孙武事迹的角度观点不同，但是都不该忽略《孙子兵法》里的说法，因为这本书是孙武军事思想的精华。他在书中第一章指出用兵之道有五项要领：道、天、地、将、法。五项要领的第一条是"道"："道者，令民与上同意，可与之死，可与之生，而民不畏危也。"换言之，用兵的第一点就是要亲附人民，才可以使百姓愿意为国家奋战。连大军事家孙武都这么看重"附民"这件事了，谁说荀子的"善附民者，是乃善用兵者也"只是迂儒之见？

历久弥新说名句

公元前六八六年，齐国发生内乱，鲁国出兵支持公子纠争夺王位，但被后来的齐桓公打败。齐桓公即位以后，派兵攻打鲁国，史称"长勺之战"。听到了齐国即将进攻的消息，一名有勇有谋的贤士曹刿请求晋见当时在位的鲁庄公。鲁庄公接见了他。

一见到鲁庄公，曹刿就请问鲁庄公凭借什么去迎战齐军？鲁庄公说："日常生活所用的东西，我不敢一人独享，一定分给别人共同使用。"曹刿摇摇头说："这种小恩惠，并不能让老百姓普遍受益，人民是不会跟从您去拼命作战的。"鲁庄公说："祭祀时，我一定恭敬供奉神明，不敢有所马虎。"曹刿还是摇摇头："这种小诚信，并不能得到神明的信赖，神明是不会降福给您的。"鲁庄公说："所有的诉讼案件，我即使不能一一明察，也一定要尽可能发掘真相。"曹刿回答说："这才是尽心尽力为人民服务，凭这一点，就足以迎战齐军了。作战时，请让我一同前往。"这场战役最后由弱小的鲁国获得了胜利。若论功劳，曹刿建议的"一鼓作气"策略自然要居首功。曹刿说："打仗靠的是士气。第一次擂鼓正是士气最旺盛的时候，第二次擂鼓士气就衰退了，等到第三次擂鼓士气就衰竭耗尽了。我等齐军擂了三次鼓，我军才开始擂鼓，所以齐军士气衰竭时，我军士气正旺盛，自然能够打败他们。"

　　鲁军的士气固然在擂第一次鼓的时候达到最高点，但若不是鲁庄公尽心为人民服务，鲁军又怎么肯为他卖命？又怎么会有多少士气？所以曹刿论战，先问民心。孟子说："天时不如地利，地利不如人和。"荀子说："善附民者，是乃善用兵者也。"这种论点在古今无数次战役中皆得到证实。

以德兼人者王，以力兼人者弱，以富兼人者贫

名句的诞生

彼贵我名声，美我德行，欲为我民，故辟门除涂[1]，以迎吾入。因其民，袭其处，而百姓皆安；立法施令，莫不顺比[2]。是故得地而权弥重，兼人而兵俞[3]强，是以德兼人者也。非贵我名声也，非美我德行也，彼畏我威，劫我势[4]，故民虽有离心，不敢有畔虑[5]，若是则戎甲俞众，奉养必费。是故得地而权弥轻，兼人而兵俞弱，是以力兼人者也。非贵我名声也，非美我德行也，用贫求富，用饥求饱，虚腹张口，来归我食。若是，则必发夫掌窌[6]之粟以食之，委之财货以富之，立良有司以接之，已期[7]三年，然后民可信也。是故得地而权弥轻，兼人而国俞贫，是以富兼人者也。故曰，以德兼人者王，以力兼人者弱，以富兼人者贫，古今一也。

——《议兵篇》

完全读懂名句

1. 辟门除涂：敞开大门，清扫道路。

2. 顺比：顺服亲附。

3. 俞：通"愈"，更加。

4. 劫我势：受我的威势所逼迫。

5. 畔虑：背叛的想法。

6. 掌窌：仓库。掌：王引之以为"廪"字之误。

窍：音"jiào"。

7. 期：期满。

语译：他们尊崇我的名声，赞美我的德行，想要做我的人民，所以敞开大门，清扫道路，以迎接我进入他们的地方。我依靠着他们的人民，沿用他们的土地，而使得百姓都能得到安定；订定法律施行命令，没有不顺从亲附的。所以得到土地而使权势更加扩张，收服人民而使军队更加强大，这是用德来收服人心。不是尊崇我的名声，不是赞美我的德行，只是畏惧我的威权，迫于我的势力，所以人民虽然有背离的心，却不敢有背叛的想法，这样的话，军队必须愈来愈多，花费必须愈来愈高。所以得到土地却减轻了权势，得到人民却削弱了军队，这是用力量来操控人心。不是尊崇我的名声，不是赞美我的德行，只是因为贫穷而贪求我的财富，因为饥饿而谋求饱足，空着肚子，张着嘴巴，来我这儿找食物。像这样，就一定要打开仓库来给他们食物，给他们财物，以使他们富裕，设置好的官史来接待他们。满三年之后，人民才会信任你。所以得到土地却减轻了权势，得到人民却减少了财富，这是用财富来贿赂人心。所以说用德来收服人心可以称王，用力量来操控人心会衰弱，用财富来贿赂人心会贫穷，这是从古到今不变的道理。

名句的故事

后羿以武力夺取了夏王太康的政权。后来后羿被大臣寒浞（zhuó）所杀。太康传位给仲康，仲康及他的儿子相又被寒浞杀死，相的妻子当时已有身孕，逃回娘家有仍国后，生下了少康。少康后来娶了有虞国王的女儿，凭借着十里平方的土地，五百人的军队，重新取得了夏朝的政权，史称"少康中兴"。

若论武力，擅长射箭的后羿，武力胜过众人，却在出猎时被自己的大臣所暗杀。若论财富乃至军力，寒浞掌握了夏朝的国库及军队，又岂会少于势单力薄的少康呢？所以少康能胜过寒浞，一定是有高于武力及财富的特点，就是道德。

靠着高超的道德，所以夏朝的臣民愿意服从少康而不愿意服从寒浞，愿意为少康作战而不愿意为寒浞作战，少康又何须担心自己的军队不足呢？

少康重新取回夏朝政权后，勤政爱民，专心农业水利，使得夏朝国力迅速恢复。这是"以德兼人者王"的绝佳例证。

历久弥新说名句

明代的刘伯温有一篇文章《说虎》，文中说："虎利其爪牙而人无之，又倍其力焉，则人之食于虎也，无怪矣。然虎之食人不恒见，而虎之皮人常寝处之，何哉？"大意是说：老虎有锐利的爪子和牙齿而人类没有，再加上它的力量又是人的好几倍，因此人被老虎所吃，不是一件奇怪的事。但是老虎吃人的事却不常见，而老虎的皮却常被人类剥下来当垫子，这是什么原因呢？

刘伯温认为这是因为："虎用力，人用智；虎自用其爪牙，而人用物。故力之用一，而智之用百；爪牙之用各一，而物之用百。以一敌百，虽猛不必胜。"老虎凭借的是力气，人类凭借的是智谋，力量的用途只有一种，智慧的用途却有许多。老虎虽有锐利的爪牙，人类却懂得运用各种器具，爪牙的用途只有一种，而器物的用途却有许多。两者相较，人类胜过老虎不知多少倍，所以老虎再凶猛也比不上人类。

其实人类的智谋虽然高，但个人的智谋再高也不见得稳操胜算。夏桀、商纣才智过人，终究成了亡国之君。这是因为再高的智谋也抵不过全天下的攻击。所以真正不败的人要能够使天下的人不愿攻击自己，唯有以道德收服众人才能达到这个境界。孟子说："仁者无敌。"荀子说："以德兼人者王。"仁德才是天下最厉害的武器。

人主无贤，如瞽无相

世之殃，愚暗愚暗堕贤良！人主无贤，如瞽[1]无相[2]，何怅怅[3]！请布[4]基，慎圣人，愚而自专事不治。主忌苟胜，群臣莫谏，必逢灾。

——《成相篇》

完全读懂名句

1. 瞽：音"gǔ"，眼盲之人，这里是指古代的乐官。

2. 相：乐器的名称，很像鼓，用来敲击、控制音乐的节奏。

3. 怅怅：音"chāng"，无所适从的样子。

4. 布：陈述。

语译：人世间的殃祸，就是愚昧无知，陷害忠良！君王没有贤臣的辅佐，就像乐官没有鼓，无法控制音乐的演奏节拍！请听我道来，要慎重地对待圣人，愚蠢又专横政事国家就无法治理。君王如果事事想要胜过臣子，臣下就不敢劝谏，国家必然会面临灾难。

名句的故事

所谓的"相"，是古代的一种乐器，"成相"即是演奏乐器的意思。《礼记·曲礼》记载："邻有丧，舂不相。"汉朝经学家郑玄解释说："相谓送杵声，以声音自劝也。""舂"就是把谷物以杵臼捣去皮壳。古代人们在舂米时会用杵击，顺便吆喝或唱歌，用来鼓舞工作的气势；所以当邻居有丧事的时候，舂米时就不可以发出音乐声，就是"舂不相"。

荀子《成相篇》的表达形式就是古代的一种民间说唱文学，运用长短句以及对偶的手法，产出歌谣式的文学体例，这对汉代的乐府、宋词、元曲，都有很深刻的影响。所以《成相篇》的开端第一句话就是"请成相"，就是"请奏乐"的意思，当音乐声响起，就可以开始说书道事，叙事加上歌谣，就很容易被普罗大众所传唱。这是荀子借用民间通俗的说说唱唱，宣扬自己的政治理念。《成相篇》基本上分为三个部分，第一部分是叙述乱之根源，并提出避免乱象的方法；第二部分是回忆，从乱象而怀念过去的秩序；第三部分则提出君主治理国家的方法。

历久弥新说名句

这句名言中有一个很重要的角色，就是"瞽"。"瞽"是指看不见的人，古代常用盲眼的人担任乐师，被称为"瞽师"。这是因为盲眼的人虽然看不见，但是在听觉上特别灵敏，所以"瞽"也是古代乐官的代名词。

盲人虽然看不到，对事情的记忆却特别好，加诸古代文字复杂、书写也比较困难，口语传诵故事是很普遍的，而这也是最早的历史"纪录"。因此，"瞽史"是古代另一个重要的官职名称。例如《史记》记载："左丘失明，厥有国语。"眼睛看不见的左丘明是春秋鲁国的史官，著有《国语》一书。

《后汉书》说："古者瞽师教国子诵六诗。"国子就是卿大夫的子弟，六诗就是风、雅、颂、赋、比、兴，古时候是由瞽师教导卿大夫的子弟们朗诵六诗。为什么是由瞽师担任教学的角色呢？因为中国传统官职是世袭制度，这些卿大夫的子弟都会走向从政之路，而朝廷中的各种典礼、祭祀、聚会，都会配以音乐，因此了解音乐是古时为官的基本礼仪。

瞽者在中国古代担任很多重要的角色，发挥除了视觉之外的其他感官的绝佳天赋，真可谓是眼盲而心不盲呀！

名句的诞生

臣下职[1]，莫游食，务本[2]节用财无极。事业听上[3]，莫得相使，一民力。

——《成相篇》

完全读懂名句

1. 职：官吏。

2. 务本：这里的"本"是指农业，即重视农业的意思。

3. 听上："上"是指君王，即听从君王的指挥。

语译：臣下设官分职，不能吃粮不管事；务农、节用，财利就能充实；事事要听从君王的，不要互相指使，民力必须做到统一。

名句的故事

　　荀子强调"务本"，重视农业，这与他当时所处的时代有很大的关系。春秋战国时期的百姓并不是那么好生存，想要定居在一处、安心地开垦耕种，却可能因为大小战争的来临，得拎着包袱四处躲避，甚至是要参与打仗。战争的死伤会让社会上的生产力降低，纵使战国时期的工商业发达，试问：没有基本的农业生产，哪来的物品可供买卖呢？没有粮食也就没有食物，国家也不会有税收，因此荀子的世代渴望农民可以回归农地，从事农耕生产。

就荀子的政治理念而言，他在《大略篇》中提到："不富无以养民情。"一个爱民的君王，最重要的工作在于养民，养民的基础则必须有丰富的财源，所以他又在《富国篇》中说："故禹十年水，汤七年旱，而天下无菜色者，十年之后，年谷复熟，而陈积有余，是无它故焉，知本末源流之谓也。"大禹十年的水患、商汤七年的干旱，天下百姓并没有饿死，因为等到水旱一过，农产再度丰收，人民不仅有得吃，还可买卖。

所以荀子把"务本"与"节用"放在一起，不仅要致力生产，还要节省开支，如此一来财富就会不断积累。荀子的《天论》也有相同的说法："强本而节用，则天不能贫。"强本也就是务本的意思。

历久弥新说名句

野心勃勃的魏明帝，自登基起便大兴土木，并且想要完成曹操未竟的统一大业，所以重用司马家族、兴兵不断。事实上，虽然曹魏在北方获得了立足之地，但是东汉末年以来大小战争不断，很多农耕之地都已经荒芜，魏武帝时甚至采取用士兵农耕的"屯田制度"。因此当时很多大臣都要求偃武务农，特别是杜恕还上疏说："帝王之道，莫尚乎安民；安民之术，在于丰财。丰财者，务本而节用也。"（《三国志·任苏杜郑仓传》）身为帝王最重要的就是照顾百姓的生活，照顾百姓的方法莫过于让百姓富有，累积财富的方法就是从事农耕生产、节省支出。

杜恕还说："农桑之民，竞干戈之业，不可谓务本；帑

（tǒng）藏（zàng）岁虚而制度岁广，民力岁衰而赋役岁兴，不可谓节用。"这是批评魏明帝把耕种的农民用来打仗，这是不重视农业；国库财源年年减少，所以就立下更多广辟财源的制度，人民的生产力每年日益衰退，却又课征更多的赋税，这都不是节省支出的方法呀！这番谏言如果魏明帝听得进去，或许曹魏就不会被司马家族所篡夺了。

不只是杜恕，诸葛亮同样也提出"唯劝农业，无夺其时；唯薄赋敛，无尽民财"（《诸葛亮集》）的政策，因为蜀国贫弱，如果不致力农桑、以农富国，蜀国根本没有强大的希望。

鸟穷则啄，兽穷则攫，人穷则诈

名句的诞生

颜渊对曰："臣闻之，鸟穷¹则啄，兽穷则攫，人穷则诈。自古及今，未有穷其下而能无危者也。"

——《哀公篇》

完全读懂名句

1. 穷：终极、尽头、贫困。

语译：颜渊回答说："我听说，鸟饿到受不了时，看到什么都会去啄来吃；野兽饿到极点时，看到什么都想抓来吃；一个人走投无路时，就会想尽办法去诈骗以获得生存。从古至今，没有把人民逼到尽头却不会发生危险的呀。"

名句的故事

鲁定公有次向颜渊夸耀东野毕的好骑术，颜渊却回答说："擅长是擅长啦，但是他的马有一天一定会逃走。"鲁定公听了之后很不高兴，并告诉身旁的人，原来君子也会诬陷别人。颜渊离开后、又过了三天，只见看马的人急忙跑来禀报："东野毕的马逃跑了，只有两匹拉车的马带着另外两匹服马（四马并排拉车时，位在中间的两匹马称"服马")回来。"鲁定公听到之后，立即派人去把颜渊请回来。

颜渊回来后，鲁定公便问他："您为什么知道东野毕的马会跑走呢？"颜渊回答说："用治理国家的道理就可以知道了。"他接着向鲁定公解释，以前帝舜会宽容地管理百姓、造父会适当地驱使马匹；帝舜不会把民力用尽、造父也不会用尽马匹的精力，所以帝舜不会失去他的人民、造父也不会失去他的马匹。可是，东野毕却为了朝仪，用尽了马的气力后，还不断要求马匹配合他想做的事情，马当然会逃跑呀！

鲁定公听完后，很是高兴，把这件事情告诉了孔子。孔子只是说："颜回这个人就是这样，不值得说出来夸耀。"事实上，我们对颜渊的"家徒四壁""箪食瓢饮"的陋巷生活，一点也不陌生。颜渊居然还能不改其乐地自在生活，更是亲身推翻了"人穷则诈"这句话。可是老天爷却不肯让他活久一点，怪不得史家司马迁也感叹："天之报施善人，其何如哉？"（《史记·伯夷列传》）

历久弥新说名句

开启唐太宗"贞观之治"的佐国良相房玄龄，对于唐太宗用兵高丽，向来抱持反对的立场。因为当时的唐朝正是百废待兴，需要休养生息的时刻，大量的人力、物力投入到一个边远的战场上，无疑对国家的发展是一个伤害。更何况已经有两次征战失败的纪录，因此在得知唐太宗想要第三次远征高句丽时，他决定上疏劝谏。

房玄龄首先歌功唐太宗早就威名八方，唐朝的疆域也已经发展到一定的程度，而高句丽在当时只是一个算不上开化的民族，无法用仁义或是对待一个国家的礼节与之来往；再者，高句丽也仅是靠着捕鱼之类的渔业来维生，"若必欲绝其种类，恐兽穷则搏"（《旧唐书·房玄龄传》），如果坚持要把它消灭，恐怕会有"兽穷则搏"的意外。这份奏折是房玄龄生前的最后奋力一笔，也确实感动了唐太宗，打消了征讨高句丽的念头。

　　征收关税、市税是从西周时代开始，算是中央赋税的一种，唐太宗即位之初，为减轻百姓的赋税负担，便停止征收，目的也想让社会经济能更加活络。武则天时期，又有官吏提起关税、市税的征收，而且主张"凡行人尽征之"。当时的凤阁舍人崔融便上疏反对，因为商旅往来、交易频繁的地方，通常也是人马杂沓、龙蛇杂处之处，有些人甚至可能藏有刀刃之器，如果"加之以重税，因之以威胁，一旦兽穷则搏，鸟穷则攫，执事者复何以安之哉？"（《旧唐书·列传第四十四》）崔融的想法是，如果每个人都要缴关税、市税，百姓感觉负荷过重、缴不出税时，就容易发生聚众滋事的意外，到时候官吏要如何安定大众呢？最后，武则天采纳了崔融的建议，只向商人课税，一般百姓则不用。

《中文经典100句：荀子》

作者：文心工作室

中文简体字版 © 2019年由北京微言文化传媒有限公司出版、发行。

本书经城邦文化事业股份有限公司【商周出版】授权，同意经由北京微言文化传媒有限公司，出版、发行中文简体字版本。非经书面同意，不得以任何形式任意重制、转载。

图书在版编目（CIP）数据

荀子 / 文心工作室编著. — 上海：上海三联书店，2019.3

（中文经典100句）

ISBN 978-7-5426-6467-9

Ⅰ．①荀… Ⅱ．①文… Ⅲ．①儒家 ②《荀子》-名句-鉴赏 Ⅳ．①B222.6

中国版本图书馆CIP数据核字(2018)第202501号

中文经典100句：荀子

编 著 者 / 文心工作室
总 策 划 / 季旭昇

责任编辑 / 朱静蔚
特约编辑 / 李志卿　王焙尧
装帧设计 / 微言视觉工坊 ｜ 苗庆东
监 制 / 姚 军
责任校对 / 朱 鑫

出版发行 / 上海三联书店
　　　　　（200030）上海市徐汇区漕溪北路331号中金国际广场A座6楼
邮购电话 / 021-22895557
印 刷 / 山东临沂新华印刷物流集团有限责任公司

版 次 / 2019年3月第1版
印 次 / 2019年3月第1次印刷
开 本 / 889×1194 1/32
字 数 / 281 千字
印 张 / 11.25
书 号 / ISBN 978-7-5426-6467-9/ B · 603
定 价 / 59.80元

敬启读者，如发现本书有印装质量问题，请与印刷厂联系0539-2925680。